本书为2014年度江苏高校哲学社会科学研究基金指导项目
【2014SJD404】研究成果

U0729309

谈判理论与实务

TANPAN LILUN YU SHIWU

华洁芸 ◎ 著

首都经济贸易大学出版社
Capital University of Economics and Business Press
·北京·

图书在版编目（CIP）数据

谈判理论与实务/华洁芸著. -- 北京：首都经济贸易大学出版社，2017. 11
ISBN 978 - 7 - 5638 - 2733 - 6

Ⅰ.①谈… Ⅱ.①华… Ⅲ.①谈判学—高等学校—教材 Ⅳ.①C912. 3

中国版本图书馆 CIP 数据核字（2017）第 297092 号

谈判理论与实务

华洁芸 著

责任编辑	赵晨志 孟岩岭
封面设计	砚祥志远·激光照排 TEL：010-65976003
出版发行	首都经济贸易大学出版社
地 址	北京市朝阳区红庙（邮编100026）
电 话	（010）65976483 65065761 65071505（传真）
网 址	http://www. sjmcb. com
E - mail	publish@cueb. edu. cn
经 销	全国新华书店
照 排	北京砚祥志远激光照排技术有限公司
印 刷	北京市泰锐印刷有限责任公司
开 本	710 毫米×1000 毫米 1/16
字 数	220 千字
印 张	12. 5
版 次	2017 年 11 月第 1 版 2017 年 11 月第 1 次印刷
书 号	ISBN 978 - 7 - 5638 - 2733 - 6/C · 136
定 价	32. 00 元

前　言

　　我们所面对的真实世界，其实是一个巨大的谈判场。身处普遍联系的现实，其中的每个独立个体，难免需要与组织或他人商谈工作、协调事务，也难免会产生一些分歧与冲突。如何处理与他人、与组织的关系，如何化解冲突，人们常常会运用到谈判的技巧与艺术。必须认识到，谈判不是商业行为的专利，谈判是一种交涉艺术。

　　对秘书工作而言，部门与部门之间的协调是谈判，领导与员工之间的承诺与兑现是谈判，同事与同事之间工作任务的分配是谈判。谈判无处不在，它可以发生在任何时间、任何场合。谈判既是秘书职业基本技能，也是秘书工作沟通与协调的艺术体现。掌握谈判准则与技巧，不仅有助于个体摘取成功的桂冠，而且有助于个体所在组织的良好发展。

　　作者以严谨的治学态度，结合秘书在职场的谈判工作，吸收商务谈判理论，提炼秘书谈判技巧，为秘书谈判奠定实务基础，在充分准确掌握相关信息资料的前提上，编写了这部《谈判理论与实务》，以充实现代秘书专业建设系列教材。

　　作者长期从事秘书实务技能教学研究，并具有谈判工作的实践经验，追求理论与实践的完美融合。本书既准确阐述谈判的基本原理，又选取了谈判实践的典型案例，以满足理论与实际相结合的教学要求。内容上既尊重商务谈判传统，又崇尚秘书谈判创新理念，力求建构秘书谈判的完整领域。结构上全面简约，知识实用，语言表述精炼易懂，适应学习者知识性与趣味性的学习要求。

全书共分九章：第一章概要介绍谈判的定义、要素、特征、原则、礼仪、评价标准，为理论部分；第二章至第七章分别介绍谈判的准备阶段、开局阶段、摸底阶段、磋商阶段、成交阶段、协议后阶段的要务与程序，同时解析每个阶段的方法与技巧；八、九两章综合介绍谈判整体策略与技巧，对秘书人员谈判素质养成和谈判对手风格做详细探究。

本书主要作为高等院校秘书类、管理类专业教材，同时适合相关职场人员学习参考。

本书原始讲义在高校秘书学、管理学、金融学等专业实务课程上被多次使用，内容不断充实、更新。在编写整理过程中，作者参阅了大量文献资料和有关网络资料，在此谨向资料作者表示衷心感谢！同时感谢首都经济贸易大学出版社各位老师的辛勤付出！

本书作者对书稿反复推敲，多次修改，付出了长期而艰辛的努力。由于作者水平有限，书中难免有不足之处，敬请专家与读者指正。

华洁芸

2017 年 10 月 10 日

目 录
CONTENTS

第一章
谈判概述

在传统的思维定式中，我们通常认为拥有四个优势的人，容易被"成功"青睐。这四个优势是：拥有良好的教育背景，拥有令人惊奇的才能，拥有超出常人的资源，做出了突出贡献。事实上这些还远远不够，成功者至少还需要拥有谈判能力。

在我们的生活中，谈判无处不在。任何一个独立的个体，身处职场，难免需要与人商谈工作、协调事务，而所有的商榷与协调，并不都能顺畅达成，有时候话不投机会做无用功，或者话说得不得当造成对方反感，甚至产生冲突。如果用心观察可以发现，我们面对的真实世界，其实等同于一个巨大的谈判桌，不以你的意志为转移，无论喜欢与否，无论情愿与否，我们都身处其中，无法置身事外。

如何处理与他人、与组织的关系，如何化解冲突，人们常常会运用到谈判的技巧与艺术。必须认识到，谈判不是商业行为的专利，谈判是一种交涉艺术。谈判并不意味着必须在谈判桌前正襟危坐、神情严肃地针对某一问题进行明确讨论，谈判可以发生在任何时间、任何场合、任何地点。我们必须学会通过谈判整合各方面资源，找准最佳资源平衡点，以赢得自己的成长空间。

没有人生来就是谈判专家，但是我们坚信，每个人都能通过学习成为谈判专家。也就是说，谈判是需要不断学习的。

第一节　谈判的概念和类型

一、谈判的含义

谈判是人际交往中一种广泛而普遍的社会现象。大到国家与国家之间相互往来，小到团体、企业与个人之间的联系合作，都离不开谈判。

谈判有广义与狭义之分。广义的谈判包括各种形式的交涉、洽谈、磋商、协作；狭义的谈判仅仅指在正式场合下专门安排和进行的谈判，是你进我退的博弈，往往有胜负之分。

"谈判"（negociation）一词源于拉丁词 negotiar，意为"做生意或贸易"。动词"谈判"本身来源于"拒绝"和"休闲"两个意思的组合，古罗马商人认为在交易达成之前是"不会闲下来去享受闲暇的"。今天来看，谈判本身其实是两个过程：谈和判。"谈"即交谈、说话、谈论、讨论，是双方或多方之间的交流与沟通；"判"即判别、判明、分别、分辨、判定、判决，是对事情的最后定夺。之所以需要谈判，是因为有分歧。所以谈判是为了达成共识、改善关系、谋求共同利益、磋商交流，最终消除分歧。

美国谈判学会会长杰勒德·L. 尼尔伦伯格在《谈判的艺术》一书中指出："谈判的定义最为简单，而涉及的范围最为广泛。每一项寻求满足的需要，至少都是诱发人们展开谈判过程的前因。只要人们是为了改变相互关系而交换观点，只要人们是为了取得一致而磋商协议，他们就是在进行谈判。"

英国谈判专家马什在《合同谈判》一书中认为："所谓谈判，是指有关各方为了自身的目的，在每项涉及各方利益的事务中进行磋商，并通过调整各自提出的条件，最终达成一项各方较为满意的协议的这样一个不断协调的过程。"

美国哈佛大学教授罗杰·费希尔和威廉·尤里在《谈判力》一书中说："谈判是你从别人那里取得你所需要的基本手段，你或许与对方有着共同的利益，或许遭到对方的反对，谈判是为达成某项协议而进行的交往。"

综上所述，谈判是各方为化解冲突而进行沟通的过程，目的是使各方达成一项协议，解决一个问题或做出某种安排。谈判是获取利益的基本方式。谈判是在各方拥有共同利益和冲突利益的情况下，为达成一项协议而进行的相互间的交谈。

本书对谈判的定义是：谈判的实质是有关各方为了各自的利益、为了改变相互之间现有的利益格局而进行的有组织、有准备的正式协商及讨论，以便互相谅解、求同存异，最终达成某种协议的过程。这种谈判一定不是最普通的社交，而是有备而至、方针既定、目标明确、志在必得的，具有技巧性和策略性。

从不同的角度，我们可以更好地了解谈判的内涵：

第一，谈判产生的原因。这主要包括：

● 共同利益的追求是谈判发生的前提。

- 对矛盾冲突的解决是谈判发生的动力。
- 谈判行为的发生是实现利益的保证。

第二，谈判主体的关系。谈判主体的关系是：

- 各方之间有一定的联系或关系，才有谈判可能。
- 各自需求既统一又矛盾，各方必须通过磋商求得一致意见，满足各自需求。
- 各方关系借助谈判的手段得以确立、变更、发展或消除。

第三，谈判是一个过程。谈判需要时间，需要耗费一定的成本。

二、谈判的类型

谈判头绪很多、纷繁复杂，根据不同的标准，谈判有不同的分类。

（一）根据交往活动的内容和性质分类

根据交往活动的内容和性质，谈判可以分为商务谈判、政务谈判和事务谈判。

1. 商务谈判专指各方当事人之间为了实现一定的经济目的，明确相互的权利义务关系而进行的磋商行为。它是指企业之间或经济实体之间，在经济活动中，以经济利益为目的，因各种业务往来而进行的谈判，包括国内经济组织之间的商务谈判，也包括国内经济组织与国外经济组织之间的商务谈判。

2. 政务谈判主要是国家外事行政机关的行为和活动，通常涉及双边或多边国家关系。政务谈判通常不以实利为中心，目的在于维护国家主权、利益和尊严，不同于单纯的为买卖成交而进行的讨价还价。

3. 事务谈判泛指同事之间因有关工作任务的分配、员工与老板有关薪酬之间的交涉、部门与部门之间的协调等而进行的协商、洽谈。

（二）根据谈判的地点不同分类

根据谈判地点的不同，谈判可分为主场谈判、客场谈判和中立地谈判。

1. 主场谈判指某一谈判方以东道主身份在自己所在地组织进行的谈判。主场谈判东道主占尽天时地利与人和，比较利于东道主建立心理优势，可以以礼压客；但同时，东道主需要承担现场布置、议程安排等方面的费用，且容易被对方窥探虚实后攻破防线。

2. 客场谈判是主场谈判的对应称呼，是指在谈判对手所在地组织的谈判，一方为主场谈判，则另一方必定为客场谈判。客场谈判中的为客一方有诸如谈判期限、谈判权限、信息利用、语言障碍等劣势；但同时，也可以以上述劣势做托词，拒绝给出具体答复、拖延时间，并省去烦琐的接待任务，专心一意于谈判工作。

3. 中立地谈判是指在谈判双方所在地以外的其他地点进行的谈判。在中立地谈判，对谈判双方来说，没有主宾之分，避免了某一方处于客场的不利地位，可以创造平等的谈判条件。

谈判地点选择的总原则是公平、互利。谈判地点的选择，往往涉及一个谈判的环境心理因素问题，有利的场所能增强自己的谈判地位和谈判力量。人们发现动物在自己的"领域"内，最有办法保卫自己。人，也是一种有领域感的动物，他与自己所拥有的场所、物品等有着密不可分的联系，离开了这些东西，他的感情和力量就会有无所依附之感。美国心理学家泰勒尔和他的助手兰尼做过一次有趣的实验，证明许多人在自己客厅里谈话更能说服对方。其原因在于人们有这样一种心理状况：在自己的所属领域内交谈，无需分心去熟悉环境或适应环境；而在自己不熟悉的环境中交谈，往往容易变得无所适从，导致出现正常情况下不该有的错误。

有一个案例很能说明问题。日本的钢铁和煤炭资源短缺，而澳大利亚盛产铁矿石和煤，日本渴望购买澳大利亚的铁矿石和煤，而在国际贸易中，澳大利亚一方却不愁找不到买主。按理说，日本人的谈判地位低于澳大利亚，澳大利亚一方在谈判桌上占据主动地位。可是，日本人把澳大利亚的谈判人员请到日本去谈生意。澳大利亚人到了日本之后，一般行为都比较谨慎，讲究礼仪，而不至于过分侵犯东道主的利益，因而日本方面和澳大利亚方面在谈判桌上的相互地位就发生了显著的变化。澳大利亚人过惯了不受拘束的生活，派出的谈判代表到了日本不过几天，就急于想回到故乡去，所以在谈判桌上常常表现出急躁的情绪，而作为东道主的日本谈判代表可以不慌不忙地讨价还价，他们掌握了谈判桌上的主动权。谈判的结果是：日本方面仅仅花费了少量款待作"鱼饵"，就钓到了"大鱼"。

此案例说明谈判地点的选择对谈判结果具有一定影响。

对一些决定性的谈判，若能在自己熟悉的地点进行，可以说是最为理想的，但若争取不到这个地点，则至少应选择一个双方都不熟悉的中性场所，以减少因处于"场地劣势"而犯的错误，避免不必要的损失。最差的谈判地点，则是在对方的"自治区域"内。如果说某项谈判将要进行多次，那谈判地点应该依次互换，以示公平。

（三）根据谈判的技巧不同分类

根据不同的谈判技巧，谈判可分为单胜法谈判和双胜法谈判。

1. 单胜法谈判是指只为获胜，不惜不择手段，最后尽量做到一方胜利，另一方失败。其特点是：刁难的开端，有限的权限，情绪化策略，吝啬承诺，忽视期限。

2. 双胜法谈判是指达到"光荣的"胜利，谈判结果皆大欢喜。基本要诀是，以诚相见、气氛和缓；兼顾双方、客观公平。

（四）根据谈判的态度和方法不同分类

根据谈判的态度和方法不同，谈判分为软式谈判、硬式谈判和原则式谈判。

1. 软式谈判也称关系型谈判、友好型谈判或让步型谈判，是指谈判人员为维系双方关系而设法避免产生冲突、达成互相满意的协议，以进一步扩大合作为目的而互相让步、强调信任的谈判。

谈判者可以为达成协议而让步，尽量避免冲突，总是希望通过谈判签订一个皆大欢喜的协议，或者至少能够签订一个满足彼此基本利益的协议，而不至于空手而归。

2. 硬式谈判也称立场谈判，指双方各具实力，视对方为劲敌，强调双方立场的坚定性，各提条件、针锋相对地进行谈判。这种谈判认为，只有按己方立场达成协议才是谈判胜利，一旦出现矛盾和困难，谈判双方就会互相指责、互不信任、互不让步，谈判容易陷入僵局。

谈判者将谈判看作一场意志力的竞争，认为在这种竞争中，立场越强硬的一方最后获得的收益也会越多。硬式风格的谈判者往往更多地关注如何维护自身的利益、抬高和加强自己的地位，总是处心积虑地要压倒对方。

根据荣格·费舍尔的观点，这两种谈判风格都是错误的，正确的态度和方法应该是所谓的原则式谈判风格。

3. 原则式谈判也称价值型谈判，或称哈佛谈判术。这是指谈判的出发点和落脚点均建立在公正的利益目标上，友好而高效地取得各方均满意的结果。原则式谈判强调公正原则和公平价值。

与软式谈判相比，原则式谈判也注意与对方保持良好的关系，但是并不像软式谈判那样只强调双方的关系而忽视利益的公平。与硬式谈判相比，原则式谈判主张注重调和双方的利益，而不是在立场上纠缠不清。因此，原则式谈判既不是软式谈判，也不是硬式谈判，而是介于两者之间的谈判。

原则式谈判是一种既注重理性又注重感情，既关心利益也关心关系的谈判，在谈判活动中的应用范围很广泛。实践证明，这种谈判风格达成的协议，在履行过程中比较顺利，毁约、索赔的情况也比较少。当然，原则式谈判也有其应用范围。首先，它要求谈判双方能够仔细地在冲突性立场的背后努力寻求共同的利益；其次，谈判双方处于平等的地位，没有咄咄逼人的气势，也没有软弱无力的退让。

根据原则式谈判的思路，费舍尔对谈判过程的关键要素重新进行了诠释，并提出了处理这些问题的基本原则。

（1）对人：谈判者要将谈判过程中人的因素与谈判的具体问题区别开。

（2）对利益：谈判者应关注双方实质性的利益，而不是表面的立场。

（3）对方案：为了共同的利益，谈判者要努力创造各种可供选择的解决方案。

（4）对标准：如果遇到利益冲突，谈判者应该采用客观标准来衡量彼此的利益范围。

（五）根据谈判利益主体数量的不同分类

根据谈判利益主体数量的不同，谈判分为双方谈判和多方谈判。

1. 双方谈判是指两个利益主体之间的谈判。不同国家或地区之间的双方谈判也叫双边谈判。

2. 多方谈判是指三个或三个以上的利益主体之间的谈判。不同国家或地区之间的多方谈判也叫多边谈判。

（六）根据参加谈判人数的不同分类

根据参加谈判人数的不同，谈判分为一对一谈判和小组谈判。

1. 一对一谈判是指谈判各方只派一名代表出席的谈判，也叫单人谈判。单人谈判一人沟通，灵活机动，利于保密，但是单兵作战无人呼应，需要谈判者知识面广、应变能力强，其承受的压力巨大。

2. 小组谈判是指谈判各方派出两名及两名以上代表出席的谈判，可以有 2~4 人的小型谈判、5~12 人的中型谈判、超过 12 人的大型谈判三种阵容。小组谈判参与者可以得到同伴支持、呼应，发挥团队优势，但组队本身有一定难度，谈判过程中的协调也较难，责任关系多头，容易互相依赖、推诿。

三、商务谈判类型

现代企业，为了自身生存和发展，为了实现购销、获取信息、开拓市场，常常进行各种各样的谈判。商务谈判是以经济利益为目的的谈判，讲究技术性和策略性。

从不同的角度看，商务谈判又分不同的类别。

（一）从谈判阶段分类

从谈判阶段分类，商务谈判分为：

1. 合同外的先期商务谈判。这是指涉及有关合同谈判的前提条件、会影响谈判合同效果的先期谈判，用来为合同谈判打基础，是合同内容之外的谈判，具体包括谈判时间、谈判地点、谈判议程、谈判活动规定、谈判场所布置等。

2. 正式合同内的商务谈判。这包括商品价格谈判、交易条件谈判、合同条款谈判。

（二）从谈判内容分类

从谈判内容分类，商务谈判分为：

1. 商品购销谈判。企业商品购销总体上包含两个环节，即商品购进和商品销售。为此目标进行的谈判，称为商品购销谈判。

2. 对外加工、装配业务谈判。对外加工是指一方提供原材料，另一方进行加工，成品由材料提供方处置，实际上是一种劳务合作。为达成对外加工、装配业务协议而进行的谈判，称为对外加工、装配业务谈判。

3. 技术贸易谈判。技术贸易是指技术拥有方把生产所需的技术和有关权利，出卖给技术需求方使用，即把技术当作商品，按商品贸易进行有偿转让。为此目的进行的谈判称为技术贸易谈判。

4. 工程承包谈判。工程承包谈判是指工程发包人向工程承包人支付一定的价款，由工程承包人按时、按质完成工程而进行相关谈判。

5. 租赁业务谈判。租赁业务谈判是指出租人按合约将资本货物给承租人使用，承租人向承租人支付租金而订立契约的谈判。

6. 索赔谈判。索赔谈判是指在合同义务不能或未能完全履行时，合同当事双方进行的谈判。

（三）从商务沟通媒介分类

从商务沟通媒介分类，商务谈判可以分为面对面谈判、电话谈判、书面谈判、网上谈判。

1. 面对面谈判是指双方直接的、面对面地就谈判内容进行沟通、磋商和洽谈的一种谈判类型。一般来说，凡是正规的、重要的、高规格的谈判，都采取面对面谈判方式。

2. 电话谈判是指借助电话沟通信息、协商，以达成交易的一种谈判。其优点是快速、方便、联系广泛，缺点是互相不见面而容易产生不信任和遭到拒绝，而且形式不够正式，难以当下拍板。

3. 书面谈判是指谈判双方利用文字、图表等书面语言进行交流沟通的一种谈判类型。其优点是可以传真，发邮件、信函，无须谈判人员四处奔波，方便、准确且省时省力，有据可查，利于决策。

4. 网上谈判是指借助网络进行协商、对话的一种谈判类型。其优点是成本低廉。

第二节　谈判的要素和评价标准

一、谈判的要素

谈判的要素是指谈判活动的构成因素和内部结构。谈判作为一种特定的沟通协调活动，通常由谈判主体、谈判客体和谈判环境三大要素构成。

（一）谈判主体

谈判主体即谈判的参与者，是谈判各方的利益当事人。谈判主体不一定是一个人，谈判主体经常是以谈判团队或谈判小组的形式出现的。

谈判主体本身是一个相对宽泛的概念，按谈判过程和最终履约时享有的权利与义务，谈判主体其实是两类人，一类是关系主体，一类是行为主体。关系主体是指有权参加谈判并承担其后果的自然人或社会组织。行为主体是指实际参加谈判的人。两者可以合二为一，也可以身份分离。当谈判是代理或委托活动时，代理人仅仅充当发言人，在谈判活动中起沟通、交换意见、中介、协调者的作用，那么代理人就是行为主体。行为主体不一定承担谈判后果。只有当参加谈判者本身就是谈判利益的承担者时，谈判主体才是单一的当事人。

换个角度，谈判主体内部人员也有不同的分工，有现场谈判人员和幕后协助谈判人员。

现场谈判人员是指参加谈判的一线人员，直接出席谈判、上谈判桌的人员，包括谈判负责人、主谈判手、助理谈判手。他们共同实施谈判过程。

幕后协助谈判人员是指谈判活动的幕后人员，包括谈判标的所属单位的领导、为谈判实施做准备工作的辅助人员。他们主要是对谈判全程提供支持工作。

（二）谈判客体

谈判客体即谈判协议协商的具体内容，也称标的。谈判客体包括谈判的缘由、目的，它决定谈判团队组成及谈判采取的策略。谈判客体是被谈的目标，是双方共同关心并希望解决的问题，它可以是任何可以买卖的产品或服务、工程、理念，也可以是权利。商务谈判客体主要有商品的质量、数量、包装、价格、履约时间、地点、方式、支付方式、运输方式、违约责任等。政务谈判客体主要有领土主权、国家尊严等。事务谈判客体有收入报酬、职位晋升、考核激励、岗位调整、评价尺度等方面的内容。

（三）谈判环境

谈判环境是指谈判所处的客观境况，是谈判发生时的外在条件。谈判环境主要牵涉政治气候、经济形势、文化背景、自然环境和客观情况等因素。

任何谈判都不是在"真空"里进行的，谈判必然处在一定的环境中，这个环境对谈判的发生、发展、结果都有影响，是谈判不容忽视的外在条件。具体来说，经济是计划配给还是市场调节，文化是提倡传统还是接受西化，自然资源是充足还是稀缺，主体是前瞻还是保守，团队是精英组合还是乌合之众，无不影响着谈判的策略运用和谈判的具体进程。

具体来说：

1. 政治背景在国际谈判中是一个很重要的背景因素，它包括所在国家或地区的社会制度、政治信仰、体制政策、政局动态、国家关系等。如国家关系友好，谈判一般较为宽松，能彼此坦诚相待，充满互帮互助情谊，出现问题也比较容易解决；反之，国家关系处在或面临对抗与冷战状态，谈判会受到较多的限制，谈判的难度也较大，甚至会出现某些制裁、禁运或其他歧视性政策。有时受政治因素干扰，即使是谈判当事人出于诚意达成的某些协议，也可能成为一纸空文。此外，政局动荡、政府人事更迭，都有可能导致谈判出现某些变化。

2. 经济背景也是很重要的背景因素，尤其对商务谈判有直接的影响。它包括所在国家或地区的经济水平、发展速度、市场状况、财政政策、股市行情等。经济水平往往反映谈判者背后的经济实力。例如，某方占有市场的垄断地位，他在谈判中就具有绝对的优势。又如，市场供求状况不同，谈判态度及策略也会不同。再如，财政政策与汇率，既反映了谈判方的宏观经济健康状况，也反映了支持谈判结果的基础的坚挺程度；而股市行情，则往往是谈判者可供参照和借鉴的"晴雨表"。

3. 文化背景同样不可忽视，它包括所在国家或地区的历史渊源、民族宗教、价值观念、风俗习惯等。在这方面，东西方国家之间、不同种族和不同民族之间，甚至一个国家内的不同区域之间，往往会有很大差异。

4. 组织背景，包括组织的历史、行为理念、规模实力、经营管理、财务状况、资信状况、市场地位、谈判目标、主要利益、谈判时限等。组织背景直接影响谈判议题的确立，也影响着谈判策略的选择和谈判的结果。

5. 人员背景，包括谈判当事人的职级地位、教育程度、个人阅历、工作作风、行为追求、心理素质、谈判风格、人际关系等。由于谈判是在谈判当事人的参与下进行的，因此，人员背景直接影响着谈判的策略运用和谈判的进程。

二、谈判成败的评价标准

追求谈判成功是所有谈判人员的最终目的，那什么是谈判成功呢？对其标准的认识却各不相同。有人把自我单方面获得最大利益作为谈判成功的标准，并不顾及对方的利益。有人把能够继续维系双方关系作为谈判成功的标准，而忽略自我在谈判中的应有利益。这些都是错误的标准。

谈判应该基于平等互利，是一项合作事务，谈判成功的标准大体可以从目标是否实现、成本是否优化、是否建立良好的人际关系等方面来考察。

（一）目标是否实现

目标是否实现是指谈判结束是否达到了预期目标、多大程度达成了预期目标。这是评价一场谈判是否成功的首要标准，一场不能达成目标的谈判是在浪费时间。谈判的结果应该是明智的。因为谈判是谈判双方为了达成某种共识而进行的一种行为，如签订一份合同，进行商贸谈判等，都是为了追求一种结果，谈判中有输有赢，而最好的结果是能够达到双赢，即达到双方都比较满意的程度。没有人愿意为一个不明智的结果耗费时间和精力去交流、沟通，甚至讨价还价。

（二）成本是否优化

谈判是要付出成本的，大体有基本成本、直接成本和机会成本三种。

1. 谈判的基本成本是指为达成协议做出的让步，即谈判的预期收益与实际收益之间的差距，包括让步给对方的利益和自身承担的风险。

2. 谈判的直接成本是指因为参加谈判而耗费的所有资源，包括人力、物力、财力、时间。谈判追求的是效率，最好能速战速决，除非万不得已，不要拖延时间。时间越长，谈判的成功率越低，双方耗费的人力、物力和财力越多。没有人愿意为一件没有结果、遥遥无期的事情耗费人力、物力和财力，因此，谈判要追求效率。

3. 谈判的机会成本是指因为参加谈判而占用的资源，失去了有望获得的其他价值。我们容易关注谈判桌上的基本成本，而忽视投入的直接成本，对机会成本更是毫不关注，这是错误的。

在谈判过程中应该通盘考虑投入与产出，优化成本，以避免耗费巨大成本而只获得些许利益。

（三）是否建立良好的人际关系

谈判结果不只体现在最终成交价格的高低、权利分配的多寡、风险与收益的关系上，还应该体现在谈判是否促成双方友好关系的加强上，即双方关系是否有所改善。要有战略眼光，不过分看重每一场谈判的得失，"风物长宜放眼量"，着眼长远、着眼未来，长久而稳定的协作，足以降低成本、补偿眼前损失。

理想的谈判结果，应该是双方需求都得到可能的最大满足，双方由此建立了更加友好的合作关系。

第三节　谈判的特征和原则

一、谈判的特征

（一）明确的目的性

任何类型的谈判，其目的性都很强。没有明确的目标，不知道谈什么或为什么谈，那不是谈判，只是闲聊。谈判各方必定明白自己追求的目标，不同类型的谈判中，参加谈判的各方目标是不同的，很多时候，谈判各方围绕着某一种基本利益而进行洽谈。例如：外交谈判是国与国之间的较量，围绕的是国家利益；政治谈判围绕的是政党利益；军事谈判主要围绕双方的安全利益……这些谈判都不可避免地涉及经济利益，但其重点不一定是经济利益。只有商务谈判，谈判者以获取经济利益为基本目的，要在满足经济利益的前提下，才涉及其他非经济利益。这里所说的谈判目标大致有三类：

1. 追求利益。

2. 谋求合作。在合作的基础上分割利益，谈判双方都要有新的谈判理念，即谈判不是为了树敌，而是为了合作。

3. 寻求共识。谈判各方只有达成共识，才有合作的基础，各方都存有寻求共识的愿望，才能达到谈判的基本目的。

（二）过程的协商性

谈判是信息的交流与沟通，不是强势方的知会和命令，不能一方说了算。

所以谈判要通过协商做出可能的妥协和让步，谈判过程就是由对立到妥协的过程。

（三）各方的互动性

谈判各方需要交换意见，这就决定了各方不能各谈各的，要根据对方情况做出反应。一方清楚地表达自己的观点和立场，并根据对方的反应调整自己的态度，互相发送信息，互相接收信息，交换协商，接近靠拢，最后求得共识。不能冷眼旁观，无动于衷，要积极反应，互相拆解。

（四）结果的双赢性

谈判其实是一种相互之间的退让与变通。通过变通，最终的结果是使双方日后的合作更加和谐，进而实现明显的或潜在的共赢。谈判不是找麻烦，而是解决问题和矛盾。谈判不分输赢，其结果只有好与坏。双赢是一种"光荣"。谈判不是你死我活，不是在损害对方利益的前提下满足自己的私利，而是要增进双方的利益，通过谈判使双方达到双赢。如果只有一方达到自己的目的，就不是真正的双赢谈判。

（五）综合的技巧性

谈判要遵循一般规律，也要讲艺术与技巧，综合运用技巧，可以达到事半功倍的效果。永远不要把谈判看成是表面的死磕，应该讲艺术、讲礼仪、用技巧，全方位综合各种技法，使谈判具有高格局、大情怀。

案例分析 ∞∞∞➡

基辛格说媒

基辛格堪称20世纪的谈判大师，谈判界流传着一个他给一个贫苦老农儿子做媒人的传说。据说一次，基辛格主动为一位穷苦老农的儿子做媒，他对老农说："我已经为你物色了一位最好的儿媳。"

老农回答说："我从来不干涉我儿子的事。"

基辛格说："可这姑娘是罗斯柴尔德伯爵的女儿（罗斯柴尔德家族是世界最著名的金融大咖，历经400年而不倒，罗斯柴尔德伯爵是当时欧洲最有名的银行家）。"

老农说："嗯……，如果是这样的话……"

于是，基辛格找到罗斯柴尔德伯爵说："我为你的女儿找到了一个万里挑一的好丈夫。"

罗斯柴尔德伯爵婉拒道："可我的女儿还太年轻。"

基辛格说："这位年轻的小伙子是世界银行的副行长。"

"哎……，如果是这样……"

基辛格又去找到世界银行行长，道："我给你找了位副行长。"

"可我们不需要再增加一位副行长。"

基辛格："可你知道吗，这位年轻人是罗斯柴尔德伯爵的女婿。"

于是世界银行行长欣然同意。基辛格功德无量，促成了这桩美满的婚姻，让农夫的儿子摇身一变，成了金融寡头的乘龙快婿。

思考题 ?

1. 基辛格说媒成功抓住了谈判的什么特征？

2. 这样的谈判等同于"骗"吗？

分析提示：

假如将来故事中的几方凑到一块儿，信息互通也毫无破绽。

罗斯柴尔德伯爵问世界银行行长：小伙子是贵行的副行长吗？答：那是肯定的。

世界银行行长问罗斯柴尔德伯爵：小伙子是您的女婿吗？答：那是肯定的。

老农问亲家：您是罗斯柴尔德伯爵吗？答：那是肯定的。

于是三方都不觉发生过欺骗，共道基辛格做了一桩好媒。

基辛格不做单方面欺骗的傻事，做的是全方位的"环形欺骗"，即折冲之技。所谓"排排坐吃果果"，大家都有份，一个都不少。

二、谈判人员应具备的基本观念

谈判人员应具备以下基本观念：

第一，忠于职守。要做到遵纪守法，廉洁奉公，严守机密。

第二，树立平等互惠观念，防止妄自菲薄和妄自尊大两种倾向。

第三，发扬团队精神，要做到不暴露己方弱点，一致对外。

三、商务谈判的特征

商务谈判包含一系列经济活动的特点，同时具备一般谈判的特征。

（一）商务谈判的功能为畅通交易渠道

开展商务谈判是为发展商品生产和商品交换服务，这种交换实质上是买和卖的关系，买卖双方通过谈判的方式沟通信息、互通有无，从而促进市场交易活跃发展，这是商品经济发展到一定时期的必然产物。

（二）商务谈判的目的是获得经济利益

不讲经济利益的商务谈判就失去了价值和意义。与其他谈判相比，商务谈判更加重视谈判的经济效益，对谈判涉及的重大技术的成本、效率、效益不会轻易让步，通常以获取经济效益的多少来评价一次谈判的成败。

(三) 商务谈判的核心是价值谈判

商务谈判中，价值的表现形式——价格，最能反映各方利益，各方在其他利益上的得与失，往往或多或少都可以折算为一定的价格，通过价格的提高或降低体现出来。必须开拓思路，以各种方式和渠道赢得最根本的利益。要以价格为中心，坚持自己的利益；要不单单局限于价格，要设法从其他利益因素上争取多元的利益。退一步说，与其在表面的价格上争执不休、互不退让而使谈判陷入僵局，不如换个角度在其他因素上平衡，以退为进是谈判的智慧体现。

(四) 商务谈判的结果是条款缜密的合同

谈判双方将达成的协议以合同文本形式固定下来，合同条款实质上反映了各方的权利与义务，限定了各方在日后的商务活动中的行为权限，因此必须重视。谈判各方在谈判环节中花了很大气力，经过艰难磋商才获得有利的结果。假如在拟定合同文本时掉以轻心，会把到手的利益丧失殆尽；如果对方刻意在条款措辞和表述技巧上设置陷阱，甚至会因此付出惨重代价。合同条款的严密性与精准性是保障各方获得谈判利益的主要前提。

(五) 商务谈判的依据是政治和法律

一定时期、一个国家和地区的政治状况，会影响到谈判主体、谈判地点、谈判议题的选择，以及谈判条件的普及与衡量，而法律是商务谈判得以顺利进行的基本保证。一定的法律确定了商务谈判的合法性及其规定的权利与义务，确保了协议与合同的有效性，规定了各方发生纠纷的处理程序和解决办法。

四、商务谈判的原则

关于谈判能否成功，商界有两种极端认识：一种认为，谈判完全取决于谈判人员个人综合水平的发挥，没有什么必须遵循的原则；一种认为，只要达到预期目的，可以调动各种势力，甚至不择手段，无所不用其极，这就是谈判最大的原则。显然，这两种极端认识都是错误的。

事实上，商务谈判有原则可循，商务谈判原则是从谈判实践中高度抽象出来的，是普遍适用的最高规范，也是商务谈判取得成功的重要保证。

一般来说，商务谈判所遵循的原则有以下几个：

（一）平等自愿原则

谈判各方没有高低贵贱之分，商务谈判中，不论各方经济实力强弱、企业规模大小、谈判人数多少，地位一律平等。平等是谈判的基础，商务谈判各方拥有平等的权利，任何一方的意图都需对方认可才可确立，写进最终的合同文本，供各方遵照执行。

自愿是商务谈判的根本前提。谈判各方出于自身利益追求而来，不是被逼、被驱使而来的。自愿谈判，让各方寻求出优势互补的途径，可以满足各方利益。任何一方觉得谈判失去了预期价值，都可以随时退出或拒绝进行谈判。同样，任何一方都无权以强制手段胁迫其他方必须参加谈判或不准他方退出谈判。

（二）互利双赢原则

互利原则是指谈判双方在适应对方需要的情况下，公平交易，互惠互利，这是保证谈判成功的重要前提。开展商务洽谈，是为了在某些问题上达成共识，为了找到双方都能够接受的利益平衡点，达到双赢。商务谈判不是竞技比赛，不能以一方完胜、他方惨败为结局。成功的商务谈判，应该在谈判结束后，各方利益需求得到相互补充、相互满足，产生互补效应和契合利益。

（三）总体利益原则

商务谈判要重视效益，要节约谈判成本，不仅追求自身效益，还要重视社会效益，要充分考量投入与产出比，用最少的人力、物力、财力投入，花最少的时间，达到预期效果，体现总体利益最大化。

（四）恪守信用原则

信用原则是指谈判的双方都要共同遵守协议。重信誉、守信用是商家基本的职业道德。在谈判过程中，应当注意不轻易许诺，一旦承诺，就必须要施行起来，保证言行一致，取信于对方，以体现出真诚合作的精神。商务谈判讲究严格履行契约，不欺诈，信守承诺。信用是商品社会的一种资源，无商不奸是商品社会的毒瘤，应该坚决剔除。谈判结果受各方认可，各方都应该执行谈判协议，对自我承诺负责。

（五）客观真诚原则

商务谈判各方，站在各自立场，互相处在对立状态，对立的关系容易使谈判者在既定立场和自身利益的支配下，产生强烈的情绪，容易在情绪支配下固执己见、一意孤行、陷入偏激和盲目斗气，从而远离客观，做出非理智判断和行为，为达成共识而参与谈判的诚意也荡然无存，最终必然使谈判破裂。因此在谈判中坚持客观真诚原则至关重要。

（六）就事论事原则

商务谈判人员来自各方，观念与性格、修养与背景各不相同，谈判中要把对人与对事区分开来，重点放在谈判内容上，避免因个人好恶来评判对方谈判人员。指责对手、进行人身攻击，或因"惺惺相惜"而"里通外国"、讨好对手，都是不可取的。

（七）相容原则

相容原则要求谈判人员在洽谈中要对人谦让、豁达，不要斤斤计较，要将原则性和灵活性有机结合起来，以便更好地达到谈判的目的。

商务谈判中，无论顺利还是障碍重重，都不可意气用事、举止粗鲁、表情冷漠、语言放肆。任何情况下，谈判者都应该谦和待人、彬彬有礼。对谈判对手，即使存在严重利益之争或严重分歧，也不能对对方恶语相向、讽刺挖苦。

（八）制造竞争原则

商务谈判中如果没有竞争，只有一个买家，或者只有一个卖家，这是很危险的，再加上时间的限制，谈判就很难成功。假如想引导整个谈判向你希望的方向发展，那么最好引入一些竞争，为自己创造选择的余地。作为卖主，为你的产品制造竞争，让买主们互相竞争；作为买主，为你所买的商品制造竞争，让卖主互相竞争。

第四节　谈判的程序和礼仪

一、谈判的程序

谈判的程序是指谈判的准备、谈判的议程、谈判的整体顺序即谈判流程。一般来说，一场正式而完整的谈判程序，包括三个基本环节：准备阶段、正式谈判阶段和结束阶段。

（一）准备阶段

虽然没有十全十美的谈判准备，但是谈判的准备工作非常重要。俗话说："如果准备不成功，那你就准备着失败吧！"由于谈判的类型不同、内容不同、复杂程度不同，谈判的持续时间也有长有短，因此谈判的准备也有所不同。

谈判的准备工作包括做好可行性调研、确定谈判主题、明确谈判要点、选定谈判人员、拟订谈判草案、制定谈判措施。一句话，做好一切准备。

1. 可行性调研。收集所有与谈判相关的事实、数据，做到知己知彼，要重视大背景下政治经济形势和政策法规、市场状况等客观情况，用来帮助谈判者说话时有理有据，促成交易，或事先了解、做好预警和防范。

2. 确定谈判主题。主题是谈判的目标，也是谈判的核心。整个谈判活动自始至终都围绕谈判主题进行，因此，谈判主题要简明具体，利于谈判者掌握和表述。谈判主题最好用一句话体现。

3. 拟定谈判要点。谈判要点包括：

（1）谈判目标。其可分层次明确：必须达到的目标、能够接受的目标、最高目标。

（2）谈判内容，即谈判合同条款。

（3）谈判议程，即谈判的议事日程。谈判的议事日程要与谈判过程中的报价、还价、磋商、签合同几个阶段结合，不同阶段安排不同谈判内容。

4. 确定谈判地点。谈判地点可预设，再经过协商确定。一般为占天时地利，要争取首轮谈判地点在主场，防备首轮谈判地点在客场。主场指东道主所在地，客场指谈判对象所在地。

5. 组建谈判班子。合理配备谈判人员，选定主谈判人、助理谈判人和相关专家。

6. 安排谈判礼仪。商务谈判中，谈判一方对应邀前来的另一方要安排相应身份的人员迎来送往，双方应互相宴请和招待，联系沟通也要讲究礼仪细节，在电话、邮件等交往中应遵从礼仪；为和谐关系、表达酬谢之意，还可馈赠礼物。

（二）正式谈判阶段

正式谈判阶段也称实质性谈判阶段，是指双方面对面进行洽谈的过程。

1. 谈判开始阶段，也叫开局阶段。虽然还未进入谈判的实质阶段，但这一阶段对整个谈判过程的影响很大。在此阶段，可就谈判预备内容提出要求，不要直接切入谈判主题。

2. 实质性谈判阶段，也叫讨价还价阶段。这是谈判最重要的阶段，经由报价、议价反复磋商，以期达成目标基本一致。

3. 谈判成交阶段。这是指双方就各项条件达成一致意向并签订合同的过程。

（三）结束阶段

在此阶段，双方达成共识，要把细节落实，以书面方式确定下来。

二、商务谈判的流程

（一）准备阶段

1. 思想准备。在此阶段确立谈判的意向，对对手情况进行评估，设计谈判方案，确定谈判的主题、目标、要点、策略。

2. 资料准备。在此阶段指派专人收集与谈判有关的事实和数据。

3. 组织准备。在此阶段合理配备谈判班子。确定主谈人和相关谈判人员。

（二）进行阶段——谈判的核心阶段

1. 开局。开局意味着谈判开始，谈判双方进行初步接触，介绍、寒暄，目的是创造一种和谐、温馨、友好的气氛，包括确定谈判地点、座位分配等。

2. 交锋（劝说）。在此阶段解决实质性问题，双方立场明朗化，表明自己的观点、诉求和要争得的利益，决不轻易让步。

3. 妥协。在此阶段达成一定共识，一方做出让步，多数情况下是每一方共同让步（协议达成之前各方都要弄清楚对方的最大让步程度）。

4. 终局。在此阶段。在此阶段基本达成谈判目标（写成文本）。

（三）协议达成——谈判的终极阶段

对合同条款字斟句酌，各方签字，并立刻生效。在涉外谈判中，文本要准备多套语言版本，出现纷争时以自己的母语文本为标准。

三、谈判的礼仪

谈判过程中，谈判人员特别是主谈判者的表现，对谈判现场气氛影响极大。很多时候，商场如战场，在谈判中充斥着看不见硝烟的较量。但与此同时，谈判人员都必须要表现出良好的风度与修养，遵循谈判礼仪规范。

（一）谈判人员的礼仪

谈判人员最关键的临场表现礼仪有三个方面。

1. 打扮讲究，体现深度。谈判人员出席谈判现场，一定要讲究着装打扮。内心对谈判高度重视，体现于外就会认真对待自己的形象，不肯苟且。具体来说，合乎礼仪的打扮包括以下三个方面：

（1）修饰仪表。发型要得体，不染发。男士短发凸显果断，女士盘发凸显干练。应剃除多余毛发，保持干净清爽。

（2）妆容精致。出席正式谈判，女士应该认真化妆。妆容应该清新淡雅，不可浓妆艳抹。

（3）着装规范。谈判人员着装要简约庄重，不可标新立异，也不要受流行影响，要有职业风范。一般情况下谈判着装的经典搭配是：男士着深色西服套装，穿白衬衣，打领带，穿黑色正装皮鞋；女士着西装套裙，穿白衬衫，配肉色长筒袜，穿黑色船型高跟鞋。

2. 保持理性，体现风度。谈判桌上，谈判者自始至终要保持理智，头脑要冷静，面色要平和，保持良好风度，体现可靠与充满自信。

（1）心平气和。要达到谈判预期效果，就要稳扎稳打，步步为营，处变不惊，时刻保持冷静。既不存心激怒对手，也不自乱阵脚，自找气生。不急不躁，心气平和，是高明的谈判者应有的风度。

（2）争取双赢。谈判是利益之争，各方都希望最大限度争取自身利益，而本质上讲，真正的成功是只有各方互相妥协，才能互利互惠，各有所得。所以，商务谈判中，只知道争利不知道让利，只顾自己直奔目标而指望对方一无所得，既没有风度，也不现实。

3. 礼待对手，体现气度。谈判要注意对对手以礼相待，注意对事与对人分开。

（1）谈判人员代表着各自的经济主体，注定不可能"敌我"不分。希望对手手下留情而暗通款曲，"里通外国"而把利益拱手相送，是不可取的。要正确认识自己与对手的关系，分清人与事，各为其主。

（2）谈判之外无敌手。谈判桌上的对手，可以是谈判桌下的朋友。在谈判桌下，彼此可能因观念相近、性格相投而互相欣赏，互相尊敬，以礼相待。但谈判桌上下，角色身份转换一定要分清楚，要收放自如。

（3）讲究礼貌，彰显自己的气质和风度。时刻保持良好教养，体现君子风度或淑女风范。不傲气自大，也不妄自菲薄。始终礼貌周全，礼节到位。

（二）谈判五忌

1. 在谈判中忌欺诈。欺骗性的语言一旦被对方识破，不仅会破坏谈判双方的友好关系，使谈判蒙上阴影或导致谈判破裂，而且也会给企业的信誉带来极大损失。所以说，谈判语言应坚持从实际出发，应给对方诚实、可以信赖的感觉。

2. 在谈判中忌盛气凌人。盛气凌人易伤对方感情，使对方产生对抗或报复心理。所以，参加商务谈判的人员，不管自身的行政级别多高、年龄多大，所代表的企业实力多强，只要和对方坐在谈判桌前，就应坚持平等原则，平等相待，平等协商，等价交换。

3. 在谈判中忌道听途说。道听途说容易使对方抓住谈话漏洞或把柄向你进攻。就个人形象来讲，也会使对方感到你不认真、不严谨、不严肃，不值得信赖。

4. 在谈判中忌攻势过猛。谈判中要尊重对方的意见和隐私，不要过早锋芒毕露，避免言语过急过猛、伤害对方。

5. 在谈判中忌含糊不清。谈判者事前应做好充分的思想准备和语言准备，对谈判条件进行认真分析。把握住自身的优势和劣势，对谈判的最终目标和重要交易条件做到心中有数。同时做一些必要的假设，把对方可能提出的问题和可能出现的争议想在前面。

（三）谈判现场布置桌次安排

谈判现场桌次安排见表 1 - 1。

表 1 - 1　谈判现场桌次安排

双边谈判		多边谈判（三方及三方以上）	
横桌（与门平行）	竖桌（与门垂直）	自由式	主席式
客方人员面门而坐，东道主方背门而坐，中间坐主谈人，右方为第一重要人物	进门方向右侧为来宾方向，左侧为东道主方向	自由就坐	面对正门为主席位置，竖排方式放置桌子
需要设姓名签		不需要设姓名签	

第二章
谈判准备阶段

一般来说，谈判的过程可以划分为准备阶段、开局阶段、摸底阶段、磋商阶段、成交阶段和协议后阶段。

谈判准备阶段是指谈判正式开始以前的阶段，其主要任务是进行环境调查，搜集相关情报、选择谈判对象、制订谈判方案与计划、组织谈判人员、建立与对方的关系等。准备阶段是商务谈判最重要的阶段之一，良好的谈判准备有助于增强谈判的实力，建立良好的关系，影响对方的期望，为谈判的进行和成功创造良好的条件。

凡事预则立，不预则废。谈判前的充分准备，关系到谈判能否取得圆满成功。在谈判的准备阶段，谈判各方尚未进行正式接触，为做到有备无患，各方都会做一些准备。一场谈判能否取得圆满的结果，不仅取决于谈判桌上的有关策略、战术和技巧的运用，还有赖于谈判之前充分、细致的准备工作。

谈判可以通过口头的方式，也可以通过函电或其他方式进行。就是在口头谈判中，也有大、中、小型谈判之分。不同的谈判规模和方式，其准备工作也不尽相同。这里，我们主要介绍大、中型口头谈判的准备工作。

第一节　谈判前的调查研究

一、调查研究的基本内容

作为谈判的准备阶段，要对谈判交易的内容进行可行性分析。进行谈判前要做哪些调查研究，需要根据当次谈判的具体内容和要求做决定。不同内容的谈判，其调查研究的内容侧重点不同。但无论什么类型的谈判，其调研的基本内容大体上都包括以下三个方面：

（一）己方条件可行性调研

己方条件可行性调研是指对本次交易中己方的各项条件进行客观分析，

如本次交易对己方的重要性，竞争对手及其情况，己方在竞争中所处的地位，己方对有关商业行情的了解程度，对谈判对手的了解程度，己方谈判人员的经验，等等。

对己方各方面条件进行客观分析，有助于弄清己方在谈判中的优势和薄弱环节，从而有针对性地制定谈判策略，以便在谈判时能扬长避短。

己方条件包括：

第一，己方的正式谈判代表所收集、分析、整理并已经熟悉的谈判相关资料。

第二，己方谈判人员的信心、能力、素质等。

（二）客方条件可行性调研

这是指有关谈判对手情况的分析。客方条件包括：

1. 客方谈判团队情况，主要是资信情况。

调查谈判对手的资信情况，一是要调查对方是否具有签订合同的合法资格，二是要调查对方的资本、信用和履约能力。

在对客方的合法资格进行调查时，可以要求对方提供有关的证明文件，如成立地注册证明、法人资格证明等；也可以通过其他途径去进行了解和验证。

对客方的资本、信用和履约能力的调查，资料来源可以是公共会计组织对该企业的年度审计报告，也可以是银行、资信征询机构出具的证明文件或其他渠道提供的资料。

商务谈判的内容不同，资信调查的内容、重点和详细程度也会有所不同。

2. 客方谈判风格。谈判风格是指谈判者在多次谈判中所表现出来的一贯作风。了解谈判对手的谈判作风，可以为预测谈判的发展趋势和对方可能采取的策略，以及制定己方的谈判策略提供重要的依据。

谈判作风因人而异，千差万别。有人按谈判者在谈判中所采取的态度，将谈判风格划分为强硬型、温和型、原则型三种。我们可以通过对谈判对手的年龄、职务、性格特征、谈判双方的实力对比等方面进行分析，通过在谈判中的接触观察或通过向与对方打过交道的人进行了解等途径，对对手的谈判作风进行分析。

3. 对方团队对我方条件和情况的了解程度等。这主要是指对手对己方的信任程度。主要是了解对方对己方的经营能力、财务状况、付款能力、谈判能力、商业信誉等方面的评价。通过对这些情况的了解，可以更好地设计谈判方案，争取主动。

（三）客观情况可行性调研

客观情况主要包括：

1. 国家政治经济形势变化。

2. 相关的政策法规规定。

3. 交易目标市场状况等。

二、谈判前调查研究的目的

谈判前调查研究的目的如下：

第一，通过谈判前的调查研究，掌握与本次谈判有关的各种客观环境因素的状况和变动趋势，并对这些情况进行分析，为制订谈判方案提供依据。

第二，通过谈判前的调查研究，对谈判对手做尽可能多的了解，即做到"知彼"。比如：通过调查研究，可以对对方的资信情况、合作意愿、谈判作风、谈判期限等情况有所了解，做到谈判时心中有数。

第三，通过谈判前的调查研究，可对己方的谈判实力做出客观的评价，理清自己的思路，即做到"知己"。对于谈判人员来说，高估或低估自己的谈判实力，都是有害的。因为过高地估计自己的实力，容易产生轻敌情绪；而过低估计自己的实力，则易于怯场，不敢去争取自己可能得到的利益。通过谈判前的调查研究，能客观地评价己方的谈判实力，分析己方在谈判中的优势和薄弱环节，使己方谈判人员在谈判中能够目标明确，思路清晰。

三、谈判前调查研究的要求

谈判前进行调查研究要求做到以下四点：

第一，调查研究要有明确的目的性，不可漫无边际。

第二，资料的搜集要全面，要能反映经济活动的全貌，不能支离破碎。

第三，对资料的分析要科学、客观，不能主观随意，要下结论。

第四，根据不同的情况，选择不同的调查方法。

四、商务谈判前调查研究的内容

在开始谈判前，要对哪些方面进行调查，是由这次谈判的具体内容和要求决定的，换言之，不同内容的谈判，其调查研究的内容也应有所不同。

比如：

如果要进行货物买卖谈判，一般要调查商品的质量、性能、价格、销售、竞争、需求、对方资信以及有关法规等方面的情况。

如果要进行对外加工装配业务谈判，一般应调查加工产品对原料的质量、规格和加工精密度的要求，我方承接加工装配业务的能力以及燃料、动力供应情况，工费标准、客户资信和有关法规等方面的情况。

如果要进行合资、合作企业谈判，则应对合营对方的资信、产品的原料来源、销售情况、技术设备和性能、国内能源、运输、基础设施、环境保护、投资效益等方面进行调查。

这里很难把各类谈判所应调查研究的内容一一加以详述，只能对一些共性的内容加以说明。

（一）有关政治、经济形势的变动情况

政治、经济形势的变动，会对交易产生很大的影响。在进行谈判前，应对影响本次交易的政治、经济形势，尤其双方国家的政治、经济形势的变动情况进行详细地调查，比如：会不会发生政局动荡；两国关系是否紧张；国际经济形势的变动趋势；政府有没有采取一些新的贸易管理措施；等等。

掌握这些有关信息情报，有助于我们准确地分析政治、经济形势变动对本次谈判的影响，提醒我们在谈判中应对哪些问题特别引起重视，以便更好地利用这些方面的有利因素促成双方的交易，或对一些可能出现的问题采取相应的防范措施。

（二）目标市场

这里所说的目标市场调查，是在平时已进行的一般性调查的基础上，在目标市场和谈判对手都已经确定下来的情况下，对目标市场的动向所进行的调查。主要是调查谈判标的在目标市场上的需求情况、销售情况和竞争情况等方面。

1. 需求情况。需求情况包括目标市场上该产品的市场需求总量、需求结构、需求的满足程度、潜在的需要量等方面的情况。通过调查，可以摸清目标市场上消费者的消费心理和消费需求，基本上掌握消费者对该产品的消费意向，客观估计该产品的竞争力，以利于和谈判对手讨价还价，取得更好的谈判收益。

2. 销售情况。销售情况包括该类产品在过去几年的销售量、销售总额以及价格变动情况，该类产品在当地生产和输入的发展趋势，等等。调查销售情况，可以使谈判者大体上掌握市场容量，确定产品的销售数量或购进数量。

3. 竞争情况。竞争情况包括目标市场上竞争对手的数目、生产规摸、产品性能、价格水平等，竞争对手所使用的销售组织形式、所提供的售后服务、竞争产品的市场占有率，等等。通过调查，谈判者能够掌握竞争对手的基本情况，寻找他们的弱点，预测己方产品的竞争能力，在谈判中灵活掌握价格水平。

案例分析 ◦◦◦➔

　　我国某冶金公司要向美国购买一套先进的组合炉，派一高级工程师与美商谈判。为了不负使命，这位高工做了充分的准备工作，他查找了大量有关冶炼组合炉的资料，花了很大的精力对国际市场上组合炉的行情及美国这家公司的历史和现状、经营情况等做了了解。谈判开始，美商一开口要价150万美元。中方工程师列举各国成交价格，使美商目瞪口呆，最终双方以80万美元达成协议。当谈判购买冶炼自动设备时，美商报价230万美元，经过讨价还价压到130万美元，中方仍然不同意，坚持出价100万美元。美商表示不愿继续谈下去了，把合同往中方工程师面前一扔，说："我们已经做了这么大的让步，贵公司仍不能合作，看来你们没有诚意，这笔生意就算了，明天我们回国了。"中方工程师闻言轻轻一笑，把手一伸，做了一个优雅的"请"的动作。美商真的走了，冶金公司的其他人有些着急，甚至埋怨工程师不该抠得这么紧。工程师说："放心吧，他们会回来的。同样的设备，去年他们卖给法国只有95万美元，国际市场上这种设备的价格100万美元是正常的。"果然不出所料，一个星期后美方又回来继续谈判了。工程师向美商点明了他们与法国的成交价格，美商又愣住了，没有想到眼前这位中国商人如此精明，于是不敢再报虚价，只得说："现在物价上涨得利害，比不了去年。"工程师说："每年物价上涨指数没有超过6%。一年时间，你们算算，该涨多少？"美商被问得哑口无言，在事实面前，不得不让步，最终双方以101万美元达成了这笔交易。

思考题 ？

1. 中方在谈判中取得成功的原因是什么？

2. 美方处于不利地位的原因是什么？

（三）有关法规及其变化情况

　　1. 要了解与本次谈判内容有关的国际惯例。在涉外商务谈判中，我们遵循的原则是：坚持独立自主的方针，执行平等互利的政策，参照国际上习惯的做法。所以在谈判前应了解与谈判内容有关的国际惯例、国际公约的内容及修改变动的情况，以便双方在对合同的有关条款进行谈判时，能参照有关的国际惯例和国际公约，简化双方的讨论，而且在签约以后，比较容易获得双方政府的批准。

2. 要了解双方国家与本次谈判内容有关的法律规定。对谈判标的的税收、进口配额、最低限价、许可证管理等方面的法律规定，这些都会对合同产生法律约束力。在开展商务谈判前，应对与本次交易有关的法律规定的具体内容和变动情况进行掌握，以便供谈判时参考。

3. 要了解国内的有关政策法规。新中国成立以来，特别是改革开放以来，我国在健全法制方面取得了很大的成绩，各项经济法规正在配套完善。有的地区和部门根据国家的有关法律规定，结合本地区、本部门的实际，还制定了相应的法令或条例。这些政策法规都是规范当事人行为的依据，因此，在谈判以前，也应做必要的了解。

五、调查方式

（一）通过大众传播媒介

作为资料的来源，利用率最高的是报纸杂志。各种报纸杂志上都可能有你所需要的信息。因此，平时应尽可能地多订阅有关报纸杂志，并分工由专人保管、收集、剪辑和汇总。

（二）通过专门机构

可以通过公共关系公司、咨询机构等收集资料。如果是了解有关国际方面的情况，可向我国驻外使馆商务处、各大公司驻外商务机构等了解。他们那里存有许多所在国大企业的资料及他们所收集的各种情报。

（三）通过各类专门会议

可以通过各类商品交易会、展览会、订货会、博览会等收集信息。这类会议都是某方面、某组织的信息密集之处，是了解情况的最佳时机。

（四）通过知情人员

可以通过采购员、推销员、老客户、出国考察人员、驻外人员等收集信息，这些人所获得的大量感性材料是非常珍贵的。

（五）自己建立的情报网

本组织或本单位可以专门设立调查员，或由推销员兼任。这些人有强烈的信息情报意识，反应较为灵敏，可以及时搜集到各种信息。

总之，在谈判之前，应通过各种渠道、方式，尽可能多地搜集情报，并经过科学的分析、整理、筛选，为科学地制订谈判计划，提供可靠的依据。

第二节 谈判方案的准备

谈判方案是指在谈判开始前对谈判目标、议程、对策预先所做的安排。谈判方案是指导谈判人员行动的纲领，在整个谈判过程中起着重要的作用。

从原则上说，一个好的谈判方案必须做到简明、具体、灵活。说谈判方案应尽可能简明，目的是便于谈判人员记住其主要内容与基本原则，以使他们能根据方案的要求与对方周旋；不过，这里的简明必须与谈判的具体内容相结合，以谈判的具体内容为基础，否则，将会使谈判方案显得空洞和含糊，反倒使谈判人员无所适从。此外，谈判方案还必须有弹性，以使谈判人员能在谈判过程中根据具体情况采取灵活措施。

一般来说，一个谈判方案应包括以下内容：

一、谈判主题和目标的确定

谈判主题即谈判的内容概要，是谈判活动的中心，即谈判的核心，整个谈判活动自始至终都围绕谈判主题进行，因此，谈判主题要简明具体，利于谈判者掌握和表述。最好用一句话体现。

谈判目标是谈判本身内容的具体要求，是己方进行谈判的动机，是期望通过谈判而达到的目的，即说明为什么要坐在一起来谈判。

（一）谈判目标准备

1. 如何确定谈判的目标。任何一场谈判都应以目标的实现为导向，因而，谈判准备工作的关键是确立目标。

谈判目标一般可以分为以下三个层次：

第一，必须达到的目标，也叫临界目标。它是己方在商务谈判中的最低目标，没有讨价还价的余地，宁可破裂谈判，也不能放弃这一目标。

第二，可能达到的目标（或称可以接受的目标），它是谈判中可以努力争取或者可以做出让步的范围（可变区间），双方的讨价还价多在这一层次里展开。只有在万不得已时方可考虑放弃。

第三，最高目标，也叫期望目标，它是己方在谈判中追求的最理想的目标，谈判者应该尽量追求。当然，必要时是允许放弃的。

具体来说，在谈判目标的实现上要注意以下几个方面：

第一，分清重要目标和次要目标。谈判之前一定要把目标写下来，并根据优先等级来做相应的排序。目标要分清轻重缓急，哪个是最重要的目标，哪个是次要目标，把最终目标、现实目标和最低限度目标一一排列。另外，谈判时，是否应该留有余地，在准备时要制定一个最低限度目标。实验表明，一个人的最终目标定得越高，他的最终结果就会越好。有人做过一个实验，给两组人相同的条件，把其中一组的目标定得高一些，另外一组目标定得低一些，实验表明目标定得高的那一组最终结果比较好。

第二，分清哪些可以让步，哪些不能让步。列出目标的优先顺序之后，还要分清哪些地方是可以让步的，哪些地方是不能让步的，必须明确，同时要简要、清楚地用一句话来描述。

第三，设定谈判对手的需求。明确什么是自己想要的、需要的之后，接下来要明确谈判对手想要和需要的内容。例如，如果给街上的乞丐一张芭蕾舞演出的门票，他是不会要的。他最需要解决的是什么？温饱问题。芭蕾舞对他来说，肯定是不需要的东西，他需要一碗粥，一床棉被，这是他最需要的，当解决温饱之后他才可能考虑其他的需要。所以在确定谈判目标的时候，一定要分清自己想要的和需要的内容，把它列出来。谈判中会出现很多常见的问题，包括价格、数量、质量、交货期、付款、折扣、培训、售后服务等。在谈判前，先列出自己谈判的目标，按优先级分出一、二、三、四，再列一个竞争对手的目标，考虑对方可能关心的内容，把它们一一地列出来。

设定目标时，作为卖方，可能最关注的首先是价格、交货时间，然后是能够卖多少东西，卖何种质量、档次的产品给客户。作为买方，最关注的不一定是价格，也可能是售后服务、产品质量。

不同的客户，不同的谈判对手，所列出的目标是有差别的，但不管怎么样，谈判对手所列出的目标，和自己所列出的目标一定是有差距的。这就需要通过双方的交流和沟通，使双方各自的目标趋于一致。

2. 谈判者要准备的核心技能主要有以下五点：

（1）成功的谈判者要善于界定目标范围，并且能够灵活变通，在谈判的过程中可以做灵活的调整。

（2）善于探索扩大选择范围的可能性。

（3）充分准备的能力。谈判是一个复杂的过程，只有把准备工作做得很充分，才有可能获得谈判的双赢。

（4）沟通能力，要既善于倾听对方又能向对方提问。

（5）分清轻重缓急的能力。成功的谈判者一定要知道什么是自己最需要的，什么是可以放弃的，要分清轻重缓急。谈判的过程是很复杂的，谈判双方都有各种各样的意见、各种各样的要求，哪些是最重要的、需要解决的，哪些是可以放一放、缓一缓再去解决或者根本不用解决的，一定要分清楚。

案例分析 ◦◦◦⟶

下班的时候，商场经理问其中一个营业员接待了几位客户。当得知这个营业员一天只接待了一位客户时，经理很生气，因为其他营业员都接待了好几位客户，而他只接待了一位客户。之后经理继续问，你对这位客户的营业额是多少？营业员说卖了 58 000 美元。经理觉得很奇怪，询问这位营业员究竟是怎么回事。

这个营业员说，客户买了一辆汽车，又买了一艘游艇，还买了不少其他东西，一共花了 58 000 美元。刚开始这位客户是来买阿司匹林的，他说他的太太头疼，需要安静休息。营业员在卖给客户药的同时与客户聊天，得知客户一直很喜欢钓鱼，营业员就不失时机地给他推荐了鱼竿。接下来营业员问客户，喜欢在哪儿钓鱼？客户说他家附近的河流、池塘鱼太少，他喜欢到开车大概需要 3 个多小时的海边去钓鱼。营业员又问客户是喜欢在浅海钓鱼还是喜欢在深海钓鱼。客户说他希望在深海钓鱼。营业员又问客户怎么去深海钓鱼，之后建议客户买艘钓鱼船，并向他推荐了商场里卖的钓鱼船。客户买了船后，营业员又问客户，去海边需 3 个小时的路程，船怎么运过去，他现在的车是否能够把船拉过去。客户后来一想，他现在的车拉不了这艘船，需要一辆大车，聪明的营业员又不失时机地给客户推荐了一辆大卡车，建议客户用这辆大卡车把刚买的钓鱼船拉过去。就这样，客户前前后后在这个营业员手里买了 58 000 美元的东西。当然，这个营业员也得到了经理的赏识。

（资料来源：德信诚企业培训网，发布日期：2005 – 9 – 2）

思考题 ？

从买几片阿司匹林到购买一辆大卡车，营业员成功唤起了客户的购买潜能，这说明他具备了成功谈判者的哪些核心技能？

二、谈判议程的安排

为了控制整个谈判过程，需要拟定一个谈判议程，这一点非常重要，然而它却往往被很多人忽略，认为谈判只要去谈就可以了。在谈判之前，一定要拟定相应的议程，这样谈判才能朝拟订的目标行进，避免浪费时间、人力、物力等。

谈判议程即谈判的议事日程。它主要是说明谈判时间的安排和双方就哪些内容展开谈判。

谈判议程可分为两种：一种是通则的议程；另一种是细则的议程。通则议程是给大家看的，说明谈判需要涉及哪些内容；细则议程是给自己看的。为了更好地控制整个谈判，为谈判制定的议程要有弹性，能在谈判过程中灵活变通。因为谈判过程中可能会出现这样或那样的问题。

（一）谈判的时间安排

谈判总是在一定的时间内进行的。这里所讲的谈判时间是指一场谈判从正式开始到签订合同时所花费的时间。在一场谈判中，时间有三个关键变数：

1. 开局时间。开局时间指选择什么时候来进行这场谈判。开局时间得当与否，有时会对谈判结果产生很大影响。比如：一个谈判小组在长途跋涉、喘息未定之时，马上就投入紧张的谈判中去，这就很容易因为舟车劳顿而导致精神难以集中，记忆和思维能力下降，从而在谈判中处于不利地位。因此，应对选择开局时间给予足够的重视。

一般来说，选择开局时间时，要考虑以下几个方面的因素：

首先，准备的充分程度。俗话说："不打无准备之仗。"在安排谈判开局时间时也要注意给谈判人员留有充分的准备时间，以免到时仓促上阵。

其次，谈判人员的身体和情绪状况。谈判是一项精神高度集中、体力和脑力消耗都比较大的工作，要尽量避免在身体不适、情绪不佳时进行谈判。

再次，谈判的紧迫程度。尽量不要在自己急于买进或卖出某种商品时才进行谈判，如避免不了，应采取适当的方法隐蔽这种紧迫性。

最后，考虑谈判对手的情况，不要把谈判安排在让对方明显不利的时间进行，因为这样会招致对方的反感。

2. 间隔时间。一般说，一场谈判极少是一次磋商就能完成的，大多数的谈判都要经历数次甚至数十次的磋商洽谈才能达成协议。这样，在经过多次磋商没有结果，但双方又都不想中止谈判的时候，一般都会安排一段暂停时间，让双方谈判人员暂作休息，这就是谈判的间隔时间。

谈判间隔时间的安排，往往会对舒缓紧张气氛、打破僵局具有很明显的作用。

常常有这样的情况：在谈判双方出现了互不相让、紧张对峙的时候，双方宣布暂停谈判两天，由东道主安排旅游、娱乐节目，在友好、轻松的气氛中，双方的态度、主张都会有所改变，结果，在重新开始谈判以后，就容易互相让步，达成协议了。

当然，也有这样的情况，谈判的某一方经过慎重的审时度势，利用对方要达成协议的迫切愿望,有意延长间隔时间,迫使对方主动做出让步。

3. 截止时间。截止时间是一场谈判的最后限期。一般来说,每一场谈判总不可能没完没了地进行下去,总有一个结束谈判的具体时间;而谈判的结果又往往是在结束谈判的前一点时间里才能出现的。所以,如何把握这段截止时间去获取谈判的成果,是谈判中一种绝妙的艺术。

截止时间是谈判的一个重要因素,它往往决定着谈判的战略。谈判时间的长短,往往迫使谈判者决定选择克制性策略还是速决胜策略。截止时间还构成对谈判者的压力。由于必须在一个规定的期限内做出决定,这将给谈判者带来一定的压力;而谈判中处于劣势的一方,往往在限期到来之前,对达成协议承担着较大的压力。他往往必须在限期到来之前,在做出让步、达成协议和中止谈判、交易不成之间做出选择,一般说来,大多数的谈判者总是想达成协议的,为此,他们唯有做出让步。

(二) 如何安排议程的内容

1. 议程内容最好控制在 4 个以内。通过制定议程,把自己不愿谈及的内容列出来,以便更好地规避这些内容。建议议程的内容不要超过 4 个,因为议程内容超过 4 个就比较难以控制。

2. 根据谈判对象,灵活划分难易问题。在议程内容安排的时候,有难以解决的问题,也有容易解决的问题,那么,在议程中是设定先谈容易解决的问题还是先谈难以解决的问题呢?实际上没有定论,不过先谈难以解决的问题比较好,这样易于掌握好谈判时间,难以解决的问题解决了,容易解决的问题也就迎刃而解了,所以先谈难以解决的问题比较好。

但是,因为问题难以解决,在谈判双方还没有建立信任或没有进行沟通的情况下,一开始就谈较难谈的问题,可能会浪费时间,从而导致留给其他问题的时间变少了,所以也可以考虑先谈容易解决的问题。特别是在谈判双方不太熟悉的时候,应把容易的问题先解决,最后再去谈比较困难的问题。

因此,在制定谈判议程的时候对难易问题的划分,根据谈判对象、谈判的内容可以灵活处理。

3. 事先将议程草案送达参与谈判各方。议程制定出来后,应该把议程草案送给谈判各方过目,特别要注意的是在议程中一定不要出现强硬的词语,而要用一些中性的词语和一般性的语言来描述谈判的内容和议程,以避免给对方造成不良印象。要主动控制整个谈判的局面,议程是在谈判的准备阶段中一个非常重要的内容。这方面,应重点解决以下几个问题:

第一,议题。凡是与本次谈判有关的、需要双方展开讨论的问题,都可以成为谈判的议题。我们应将与本次谈判有关的问题罗列出来，然后再根据实际情况，确定应重点解决哪些问题。

第二，顺序。安排谈判问题先后顺序的方法是多种多样的，应根据具体情况来选择采用哪一种程序：

其一，可以首先安排讨论一般原则问题，达成协议后，再具体讨论细节问题；

其二，也可以不分重大原则问题和次要问题，先把双方可能达成协议的问题或条件提出来讨论，然后再讨论会有分歧的问题。

4. 如何设定固定的谈判时间。在议程中还要设定固定的谈判时间。每一项议程用 30 分钟的时间或用 3 个小时的时间，不管时间长短，一定要对议程的每一项设定一个时间，目的是使双方讨论所花的时间不超出相应的范围，使谈判更有效率。如果谈判超出预定的时间，比如原来决定谈这项议程用 4 个小时的时间，已经过了 6 个小时，大多数人就会变得烦躁不安，如果谈判对手变得烦躁不安，就不利于谈判顺利进行。

至于每个问题安排多少时间来讨论才合适，应视问题的重要性、复杂程度和双方分歧的大小来确定。一般来说，对重要的问题、较复杂的问题、双方意见分歧较大的问题，占用的时间应该多一些，以便让双方能有充分的时间对这些问题展开讨论。

谈判议程的安排与谈判策略、谈判技巧的运用有着密切的联系，从某种意义上来讲，安排谈判议程本身就是一种谈判技巧。因此，我们要认真检查议程的安排是否公平合理，如果发现不当之处，就应该提出异议，要求修改。

第三节　谈判的组织准备

谈判组织是为实现一定的谈判目标而组成的集体。根据谈判组织构成原则和对谈判人员的素质要求，组建团队与对方谈判。

一、谈判组织的构成原则

（一）知识互补

1. 谈判人员各自具备自己专长的知识，分别是处理不同问题的专家，在知识方面相互补充，形成整体的优势。例如，谈判人员分别精通商业、外贸、金融、法律、专业技术等知识，就会组成一支知识全面而又专精的谈判队伍。

2. 谈判人员书本知识与工作经验的互补。谈判队伍中既要有高学历的人，也要有身经百战具有丰富实践经验的谈判老手。高学历学者专家可以发挥理论知识和专业技术特长，有实践经验的人可以发挥见多识广、成熟老练的优势，这样知识与经验互补，才能提高谈判队伍的整体战斗力。

(二) 性格协调

谈判队伍中的谈判人员性格要互补协调，将不同性格人的优势发挥出来，互相弥补其不足，才能发挥出整体队伍的最大优势。性格活泼开朗的人，善于表达、反应敏捷、处事果断，但是性情可能比较急躁，看待问题也可能不够深刻，甚至会疏忽大意；性格稳重沉静的人，办事认真细致，说话比较谨慎，原则性较强，看问题比较深刻，善于观察和思考，理性思维能力强，但是他们不够热情，不善于表达，反应相对比较迟钝，处理问题不够果断，灵活性较差。如果这两类性格的人组合在一起，分别担任不同的角色，就可以发挥出各自的性格特长，做到优势互补，协调合作。

(三) 分工明确

谈判班子每一个人都要有明确的分工，担任不同的角色。每个人都有自己特殊的任务，不能工作越位，角色混淆。遇到争论不能七嘴八舌争先恐后发言，该谁讲谁讲，要有主角和配角，要有中心和外围，要有台上和台下。谈判队伍要分工明确、纪律严明。当然，分工明确所发挥的是一种组织的组合力量和总体效应。其力量的来源，一方面是其成员个人的素养和能力，另一方面是各成员之间的协同配合。

二、谈判人员的素养要求

所谓素养，一是指素质，二是指修养。素质主要指偏于先天的禀赋、资质；修养主要指偏于后天的学习和锻炼。素养是一个人的德、才、学、识、行的综合与集中表现，先天资禀和后天训练是互为因果、不可分割的统一关系。谈判是智慧和能力的较量，它不但要应付各种压力和诱惑，还要分辨出机会与挑战。所以，高素养是谈判人员应具备的主观条件，是谈判工作的基本要求。具体可分为两个方面来谈。

(一) 政治素养

政治素养也叫道德素养，它是谈判人员的基本素养。之所以政治素养是谈判人员应具备的基本素养，因为它是决定谈判人员能否不断提高自身业务能力和知识水平，能否坚持不懈地为国家繁荣、人民幸福做贡献的决定因素。

政治素养主要体现在以下几个方面：

第一，自觉贯彻执行党和国家的方针政策，遵守国家的法律法规，有远大的政治理想和高度的责任感。尤其在涉外经济谈判中，能够自重。由于我国谈判人员和外商之间的关系是目的不同的对立统一体，根本利益不同，因此彼此间有着鲜明的界限。

第二，强烈的事业心和正确的职业动机。有强烈事业心的谈判人员，在谈判中即使面临重重困难，也不会轻易放弃自己的立场，总是以百折不挠的精神，发挥自己的智慧和能力去克服一切困难；而当谈判取得一定成果时，也不会居功自傲，而是朝着更高的目标努力攀登。树立了正确的职业动机，便会有强烈的职业自豪感和光荣感，便能理解谈判的社会意义，自觉抑制个人行为，严格服从谈判纪律。

第三，团结合作的工作作风。谈判的协作性很强，必须由各方面共同完成，一个人能力再强，离开了上下左右的支持与配合，也寸步难行。团结合作是经济谈判的优良传统。一个优秀的谈判人员，必须懂得尊重人，把自己摆在团体之中，虚心听取符合谈判目标的正确建议和意见。

（二）业务能力

谈判人员的业务能力，是指谈判者能驾驭谈判这个复杂多变的"竞技场"的能力。它是各种能力的集合。它是由知识结构、必要能力和增效能力三个层次组成的。其中，必要能力包括观察能力、表达能力、自制能力和推理能力，增效能力包括控制能力和协调能力。组成能力集合群的三个层次的要求，因谈判人员的地位、作用和责任的不同而不同，但它是谈判人员在谈判桌前发挥作用所应具备的主观条件，也是谈判人员自我成长的奋斗目标。

第一，知识结构。谈判不但是一门技术，也是一门艺术，它涉及的知识范围极为广阔，商务谈判一般项目可涉及经济学、金融学、市场学、技术学、法律、贮运、文学、公共关系学、政治学、经济学和心理学，大型或复杂的谈判还会涉及一些尖端学科。这种工作的特点决定了谈判人员要广泛了解社会科学和自然科学知识，尤其是对本单位的技术特点、行业特点及相关的市场动向要有深厚的了解。

第二，观察能力。观察能力是指谈判人员对谈判对象进行观察并善于发现和抓住其典型特征及内在实质的能力。谈判人员如能在同对手的接触中判断出其本质性身份，获取我们所需要的信息，最后勾画出对方真实意图的轮廓，这对我们采取相应对策具有重要意义。比如，在谈判中己方的提议遭到拒绝时，我们要善于分辨出两种不同的拒绝，一种是真的拒绝，另一种是策略性或犹豫性的拒绝，对于后者，应能提供各种针对性意见，以促进达成协议。

第三，表达能力。表达能力是指谈判人员在谈判中运用谈话语言和行为语言传递有关信息的能力。谈判形势是千变万化的，谈判双方都得为自己留下余地，协议的达成就是双方妥协的结果。所以，谈判人员的表达能力应具有表现力、吸引力、感染力和说服力。同时，语言表达还要准确和适度，防止说理无据、强词夺理、任意发挥和不计后果。说错话或出现破绽，都可能导致谈判的失利或失败。

第四，自制能力。自制能力是指谈判人员在环境发生激烈变化时，克服心理障碍的能力。谈判是相当严肃认真的活动，有时甚至紧张激烈，但我们要坚持内紧外松的原则，要求谈判者善于在激烈的形势中控制自身意志和行为，排除一切违反既定意见的各种杂念。激烈的谈判表现在讲理上，不是表现在声音高低上，要学会以宁静的态度和恰当的举止来说服和影响对方。辩论时，思想要高度集中，态度要温雅平和，万一发生争执，也须持之以礼，切忌怒形于色。

第五，推理能力。推理能力是由一个或几个已知的前提推出新理论的能力。从某种意义上讲，谈判的过程就是复杂推理的过程，谈判对手绝不是白痴或外行，而是智力水平很高的专家。双方在心理上处于对立状态，在利益上又相互依存，要让对手接受己方的提议，不可以势压人，只有以理服人。如何在推理上战胜对手，不被对手说得理屈词穷，这是谈判思维中的一个重要问题。在谈判中，推理的作用随处可见，其形式运用灵活多样，谈判者如能娴熟地掌握其精华，则可处于有理有利的不败之地。

第六，控制能力。控制能力是指谈判人员有目的地运用各种谈判策略和技巧，使谈判的发展变化保持在既定的目标内的能力。谈判趋势变幻莫测，前景难于预测，有时十分微妙，稍有不慎就可能坠入五里雾中，让人不辨方向。有能力的谈判人员能运用各种手段和方法把住谈判局面的变化方向，善于捕捉稍纵即逝的机会，以变应变，让谈判按预定的轨道向前发展。

第七，协调能力。协调能力是指谈判人员在谈判过程中解决各种矛盾冲突，使谈判班子成员为实现谈判目标密切配合、统一行动的能力。协调能力包括善于解决矛盾冲突的能力、善于沟通情况的能力和善于鼓动和说服的能力。

谈判人员业务能力的高低，在很大程度上取决于谈判人员的知识水平和实践经验。增强其业务能力的途径可归纳为虚心学习、勤于思考、实践探索、认真总结。

三、谈判队伍的组建

谈判队伍，也称谈判班子，是指参加一场谈判的全体人员组成的群体。组建好一支谈判队伍，是一场成功谈判的根本保证。

谈判往往是一个很艰难的过程，它需要全体谈判人员的共同协助和配合。所以，选择好谈判人员、组织好谈判班子，是做好谈判准备工作的重要环节。

组建谈判班子要明确应该派什么样的谈判代表，由哪些人组成，需要具备什么能力，在团队中各自承担什么任务。要满足多学科、多专业的需要，谈判人员之间要取得知识结构上的互补，以利于发挥综合的整体优势。同时，谈判人员分工合作、集思广益、群策群力，有利于在谈判中取得主动地位。

对于谈判人员个体来说，其个人素质往往是谈判成败的关键。那么，一个优秀的谈判人员应该具备怎样的素质呢？佛雷斯·查尔斯·艾克尔曾经在《国家如何进行谈判》一书中写道："一个完美无缺的谈判者，应该心智机敏，而且有无限的耐心；能巧言掩饰，但不欺诈行骗；能取信于人，而不轻信于人；能谦恭节制，但又刚毅果断；能施展魅力，而不为他人所惑；能拥有巨富、娇妻，而不为钱财和女色所动。"

案例分析 ◦◦◦◦→

究竟选用什么样的谈判人员

某年，上海某从事文物进口贸易的单位，与一位日本文物商谈判一批中国文物的出口贸易。这位日本商人带来一位中文翻译，是上海去日本打工的男青年，而上海的这家外贸单位使用的日文翻译是一位上海籍的女青年。谈判进行得很艰苦，因为日本人开价很低，几个回合下来，双方的差距仍然很大。

谈判过程中，这位日商在谈判中观察到，中方女翻译对到日本打工而当日商翻译的男青年非常羡慕。于是日商心生奸计，要自己的男翻译在谈判休息时，主动接近这位女翻译，表示他愿意将来为这位女翻译到日本学习提供担保，以及提供路费、学费、生活费在内的所有费用，条件是这位女翻译必须把中方文物的底价全部透露给他。这位女翻译经不起出国的诱惑，出卖了全部机密。

在接下来的谈判中，日商完全掌握了谈判的主动权，用中方内部开的底价买下了这一批文物，狠狠地赚了一大笔，而上海的这家单位则亏得很惨。当然，这位做着出国梦的女翻译好梦不长，她刚拿到护照，就因事情败露而锒铛入狱，断送了自己的前程。

思考题

1. 究竟应该选用什么样的谈判人员？
2. 什么原因导致我方在谈判中失利？

分析提示：

挑选思想品质素质过硬的谈判人员是谈判成功的重要保证。

一个成功的谈判者，必须具备坚定的思想素养、健全的心理素质、合理的学识结构、多方面的能力要求和健康的身体。其应遵纪守法、廉洁奉公、忠于国家和单位、有强烈的事业心、进取心和责任感，有坚韧顽强的意志和良好的心理调适能力，知识面广、专业精，具有较强的认识能力、运筹和计划能力、语言表达能力、应变能力和创造性思维能力。

（一）组成一个素质过硬、知识全面、配合默契的队伍

每一个谈判成员不仅要精通自己专业方面的知识，也要对其他领域的知识比较熟悉，这样才能彼此密切配合。如商务人员懂得一些法律、金融方面的知识；法律人员懂得一些技术方面知识；技术人员懂得商务和贸易方面的知识等。

1. 配备人员的原则：为配备好谈判班子，应遵循以下三个原则：

（1）全面、高效、小而精的原则；

（2）层次分明、分工明确、团结协助的原则；

（3）赋予谈判人员法人资格的原则。

2. 配备谈判的人数。一场谈判应配备多少人员才合适，应视谈判内容的繁简、技术性的强弱、时间的长短、己方人员谈判能力的高低以及对方谈判人员的多少来具体确定。

一个谈判班子必须配备一名主谈人，再根据需要情况配备陪谈人，涉外谈判还要配备翻译。

（1）对于较小型的商务谈判，谈判人员多由 2~3 人组成，有时甚至只由一人全权负责，这种小型的谈判对人的政治和业务素质及临场经验要求都比较高。

（2）对于内容比较复杂、较大型的商务谈判，由于涉及的内容广泛，专业性强，资料繁多，组织协调工作量大，所以配备的谈判人员要比小型谈判多一些，有时甚至可达十几至几十人。

（3）最多是分成几个小组，如商务小组、技术小组、法律小组等，负责不同方面的谈判。

(4) 组织台前和幕后两套班子。"台前班子"主要对付谈判以及对方临时提供的技术价格资料;"幕后班子"负责搜集、整理有关方面的资料,为台前班子提供技术和价格对比的依据。

3. 谈判人员分工。组织一个谈判班子要配备的人员至少包括一位具有一定身份和权力的主谈人、一位精通技术的工程师、一位业务熟练的会计师、一位称职的律师,如是涉外谈判,还要有一名翻译。

谈判人员的分工是指每一个谈判者都有明确的分工,都有自己适当的角色,各司其职。

(1) 谈判队伍领导人。他负责整个谈判工作,领导谈判队伍,有领导权和决策权。有时谈判领导人也是主谈人。

(2) 谈判商务人员。他们由熟悉商业贸易、市场行情、价格形势的贸易专家担任。

(3) 谈判技术人员。谈判技术人员由熟悉生产技术、产品标准和科技发展动态的工程师担任,在谈判中负责对有关生产技术、产品性能、质量标准、产品验收、技术服务等问题的谈判,也可为商务谈判中价格决策做技术指导。

(4) 财务人员。财务人员由熟悉财务会计业务和金融知识,具有较强的财务核算能力的财会人员担任,主要职责是对谈判中的价格核算、支付条件、支付方式、结算货币等与财务相关的问题把关。

(5) 法律人员。法律人员由精通经济贸易各种法律法规,以及法律执行事宜的专职律师、法律顾问或本企业熟悉法律的人员担任。职责是做好合同条款的合法性、完整性、严谨性的把关工作,也负责涉及法律方面的谈判。

(6) 翻译。翻译人员由精通外语、熟悉业务的专职或兼职翻译担任,主要负责口头与文字翻译工作,沟通双方意图,配合谈判运用语言策略,在涉外商务谈判中翻译的水平将直接影响到谈判双方的有效沟通和磋商。

除以上几类人员之外,还可配备其他一些辅助人员,但是人员数量要适当,要与谈判规模、谈判内容相适应,尽量避免不必要的人员设置。

以上各类人员虽然在职责上各有分工,各负其责,但在谈判中绝不能"各人自扫门前雪",而应该服从主谈人员的指挥,相互配合,彼此呼应,形成整体作战的功能。

4. 谈判人员职责。不同的谈判人员,由于分工不同,其岗位职责也不一样。

（1）主谈人与负责人职责。谈判主要是在双方主谈人之间进行的。因此，主谈人是整个谈判班子的核心。谈判的效果、成败主要取决于主谈人的能力和其对职责的履行情况。主谈人的职责有以下几点：①代表企业全权负责某项谈判工作，具有法人代表资格。②选拔谈判小组的其他成员。③拟订谈判计划和谈判策略。④监督谈判程序，掌握谈判进度。⑤听取专业人员的说明，建设、协调谈判班子的意见。⑥与谈判对手进行具体交易磋商。⑦落实交易磋商的记录工作，对合同审核、签约。⑧做好谈判的总结汇报工作。

（2）专业人员的职责。专业人员的职责主要有：①向对方阐明自己方参加谈判的意愿、条件。②弄清对方的意图、条件。③找出双方的分歧和差距。④同对方进行专业细节方面的磋商。⑤修改草拟谈判文书的有关条款。⑥向主谈人提供解决专业总的建议和信息。⑦为最后决策提供专业方面的论证。

（二）谈判人员的配合

谈判人员的配合是指谈判人员之间思路、语言、策略的互相协调、步调一致，要确定各类人员之间的主从关系、呼应关系和配合关系。

谈判小组的成员在进行谈判过程中并不是各行其是，而应该是在主谈人员的指挥下，互相密切配合。也就是说，既要根据谈判内容和各人专长进行适当的分工，明确各人的职责，又要在谈判中按照既定的方案相机而动，彼此呼应，形成目标一致的谈判统一体。

1. 主谈与辅谈的分工与配合。所谓主谈，是指在谈判的某一阶段，或针对某些方面的议题时主要的发言人，也称谈判首席代表；除主谈以外的小组其他成员处于辅助配合的位置上，称为辅谈或陪谈。

主谈是谈判工作能否达到预期目标的关键性人物，其主要职责是将已确定的谈判目标和谈判策略在谈判中得以实现。

对主谈的地位和作用有较高的要求：深刻理解各项方针政策和法律规范，深刻理解本企业的战略目标和商贸策略；具备熟练的专业技术知识和较广泛的相关知识，有较丰富的商务谈判经验；思维敏捷，善于分析和决断，有较强的表达能力和驾驭谈判进程的能力；有权威气度和大将胸怀，并能与谈判组织其他成员团结协作，默契配合，统领谈判队伍共同为实现谈判目标而努力。

主谈必须与辅谈密切配合才能真正发挥主谈的作用。在谈判中己方一切重要的观点和意见都应主要由主谈表达，尤其是一些关键的评价和结论更得由主谈表述，辅谈决不能随意谈个人观点或与主谈不一致的结论。辅谈要配合主谈起到参谋和支持作用。例如，在主谈发言时，自始至终都应得到辅谈的支持。这可以通过口头语言或身体语言做出赞同的表示，并随时拿出相关证据证明主谈观点的正确性。当对方集中火力，多人多角度刁难主谈时，辅谈要善于使主谈摆脱困境，从不同角度反驳对方的攻击，加强主谈的谈判实力。当主谈谈到涉及辅谈所熟知的专业问题时，辅谈应给予主谈更详尽、更充足的证据支持。例如，在商务条款谈判时，商务人员为主谈，其他人员处于辅谈地位。但是进行商务合同条款谈判时，专业技术人员和法律人员应从技术的角度和法律的角度对谈判问题进行论证，提供依据，给予主谈有力的支持。当然在谈判合同条款时，有关商务条件的提出和对方条件的接受与否都应以商务主谈为主。主谈与辅谈的身份、地位、职能不能发生角色错乱，否则谈判就会因为己方乱了阵脚而陷于被动。

2. "台上"和"台下"的分工与配合。在比较复杂的谈判中，为了提高谈判的效果，可组织"台上"和"台下"两套班子。台上人员是直接在谈判桌上谈判的人员，台下人员是不直接与对方面对面谈判，而是为台上谈判人员出谋划策或准备各种必需的资料和证据的人员。

有一种台下人员是负责该项谈判业务的主管领导，可以指导和监督台上人员按既定目标和准则行事，维护企业利益。也可以是台上人员的幕后操纵者，台上人员在大的原则和总体目标上接受台下班子的指挥，敲定谈判成交时也必须征得台下人员允可，但是台上人员在谈判过程中仍然具有随机应变的权力。

另一种台下人员是具有专业水平的各种参谋，如法律专家、贸易专家、技术专家等，他们主要起参谋职能，向台上人员提供专业方面的参谋建议，台上人员有权对其意见进行取舍或选择。当然台下人员不能过多、过滥，也不能过多地干预台上人员的工作，要充分发挥台上人员的职责权力和主观能动性，及时地、创造性地处理好一些问题，争取实现谈判目标。

3. 谈判小组成员之间的相互配合，不仅在谈判桌上需要，在其他场合也一样需要。曾经有位领导同志在与外商谈判前，把谈判组的成员介绍给对方说："这是小李，刚上任的财务科长，大学毕业没几年，没什么谈判经验，这次带他来长长见识。"这样一来，对方在谈判中对小李的意见就不重视了。如果换成这样一种讲法："这是李××先生，本厂的财务科长，负责本厂的资金调度，是一个精力充沛、聪明能干的小伙子。"效果就会大不一样。

谈判时要注意，大家都要为一个共同的目标通力合作，协同作战。

案例分析 ◦◦◦◦➔

判对形势派错人

范蠡是春秋战国时期越王勾践的著名谋士。一次，他的次子因杀人而被囚禁在楚国的监狱里，他决定派自己最小的儿子携带一千两金子到楚国去通融一下，以便把次子给救回来。范蠡的大儿子因父亲派小弟而没派他，觉得没面子，竟然要自杀，范蠡见此，不得不改变主意，派长子前去楚国。他写了一封书信让长子带给自己的好友庄生，同时告诫长子，到了楚国一定要把这一千两金子送到庄生家，由他处理，万万不能与庄生因为任何事情发生争执，否则会坏事。

范蠡的长子来到楚国后，把一千两金子送到庄生家，庄生看了书信后明白了他的意思，于是让他马上离开楚国，一刻都不要耽搁，而且保证他弟弟会立即被保释出来。范蠡的长子听了之后假装离去，然后自作主张藏在一个朋友家里。原来，庄生家境贫寒，平时以清廉耿直而受到人们的尊敬。范蠡送给庄生的一千两金子，庄生并不想接受，但又怕范蠡的长子以为自己拒绝帮忙而心生猜忌，于是就先收了下来，准备以后有机会再还给范蠡。

这天，庄生趁晋见楚王的机会，对楚王说自己夜观天象，发现楚国将有一场大灾难，只有实施仁政才能避免这场灾难，庄生建议楚王大赦天下，把监狱里的囚犯通通都放出来，这样就可以避免这场灾祸。楚王听了庄生的话，下令赦免囚徒。范蠡的长子听说以后认为既然楚王要大赦天下，自己的弟弟也应该被释放，而自己带来的千两黄金就白费了。于是他又来到庄生家。庄生问他为什么没有回国，他说他弟弟马上就要被释放，特意前来辞行，庄生立即明白了他的来意，就让他把那一千两金子带回去。范蠡的长子离开后，庄生非常愤怒，觉得他被骗了：既然我把你弟弟救出来了，为什么还要把金子要回去？即便不来要金子，我也会把金子给你还回去。既然你这样做，我也就不客气了。于是，庄生又一次去见楚王，他对楚王说："大王本来是想实施仁政以消除灾祸，但现在人们却传说范蠡的儿子因为杀人被囚禁在楚国，他家拿了好多金子贿赂大王手下，所以大王的赦免不是为了楚国的百姓，而是为了释放范蠡的儿子。这样的传言一旦传开，大王您的威望可就大大降低了。"楚王听了以后，心想，范蠡竟敢在我的国家如此放肆，这还得了，于是立刻下令先根据罪行把范蠡的二儿子杀掉，然后再赦免监狱里的犯人。

范蠡的大儿子万万没有想到楚王会在大赦天下之前先把自己的弟弟杀死，他想来想去没想明白到底是什么原因，只好哭哭啼啼地带着弟弟的尸体回国了。回到家后，他把事情的经过一说，家里人都非常悲痛，只有范蠡自己心里最清楚，他告诉大家说，是大儿子把老二害死的。

家里人不明白其中的原因，范蠡对大家说："我早就料到了他会害死老二的。这并不是他故意要害死他弟弟，而是有其他原因。老大从小就和我一起，经历了太多的艰难困苦，知道钱财得来不易，对钱财非常看重。他把金子给庄生后，知道自己的弟弟将要被释放，觉得自己的钱白花了，就想方设法把金子要了回来。这样做必然会激怒庄生，老二能不被杀吗？而小儿子则不同，他从小没吃过苦，从懂事起，吃穿住行都没差过，他不知钱财来之不易，也不会吝啬钱财。我当初派他前去楚国，就是考虑到这方面的原因。"

（选自华洁芸：《现代秘书礼仪》，首都经济贸易大学出版社，2017 年版）

思考题？

1. 谈判要达预期目的，最重要的因素是什么？范蠡大儿子的错误仅仅是舍不得钱财吗？

2. 派出大儿子的范蠡，既然明知大儿子会犯错，如果要避免二儿子被杀，他应该做什么防备才能保住二儿子的性命？

分析提示：

1. 谈判人员的选择至关重要。要有预见，能远观，有决断，能止损。

2. 谈判要组团队，假如加派小儿子同行，就能与大儿子互补。

四、谈判组织的管理

要使谈判取得成功，不仅要组建一支优秀的谈判队伍，还要通过有效的管理，使谈判组织提高谈判能力，使整个队伍朝着正确的方向有效地工作，实现谈判的最终目标。谈判组织的管理包括谈判组织负责人对谈判组织的直接管理和高层领导对谈判过程的宏观管理。

（一）谈判组织负责人对谈判组织的直接管理

应当根据谈判的具体内容、参与谈判人员的数量和级别，从企业内部有关部门中挑选谈判组织负责人，他可以是某一个部门的主管，也可以是企业的最高领导。谈判组织负责人并不一定是己方主谈人员，但他是直接领导和管理谈判队伍的人。

1. 选择组织负责人的要求。这主要包括以下几个方面：

（1）具备较全面的知识。谈判负责人本身除应具有较高的思想政治素质和业务素质之外，还必须掌握整个谈判涉及的多方面知识。只有这样才能针对谈判中出现的问题提出正确的见解，制定正确的策略，使谈判朝着正确的方向发展。

（2）具备果断的决策能力。谈判遇到机会或是碰到障碍时，谈判组织负责人能够敏锐地利用机会，解决问题，做出果断的判断和正确的决策。

（3）具备较强的管理能力。谈判负责人必须具备授权能力、用人能力、协调能力、激励能力、总结能力，使谈判队伍成为具备高度凝聚力和战斗力的集体。

（4）具备一定的权威地位。谈判负责人要具备权威性，有较大的权力，如决策权、用人权、否决权、签字权等；要有丰富的管理经验和领导威信，能胜任对谈判队伍的管理。谈判负责人一般由高层管理人员或某方面的专家担任，最好与对方谈判负责人具有相对应的地位。

2. 谈判组织负责人管理职责。这主要包括以下几个方面：

（1）负责挑选谈判人员，组建谈判班子，并就谈判过程中的人员变动与上层领导取得协调。

（2）管理谈判队伍，协调谈判队伍各成员的心理状态和精神状态，处理好成员间的人际关系，增强队伍凝聚力；团结一致，共同努力，实现谈判目标。

（3）领导制订谈判执行计划，确定谈判各阶段目标和策略，并根据谈判过程中的实际情况灵活调整。

（4）主管己方谈判策略的实施，对具体的让步时间及幅度、谈判节奏的掌握、决策的时机和方案等做出安排。

（5）负责向上级或者有关的利益各方汇报谈判进展情况，获得上级的指示，贯彻执行上级的决策方案，圆满完成谈判使命。

（二）高层领导对谈判过程的宏观管理

1. 确定谈判的基本方针和要求。在谈判开始前，高层领导人应向谈判负责人和其他人员提出明确的谈判方针和要求，使谈判人员有明确的方向和工作目标。必须使谈判人员明确这次谈判的使命和责任，明确谈判的成功或失败将会给企业带来的影响，明确谈判的必达目标、满意目标，明确谈判的期限，以及谈判班子的权限范围。

2. 在谈判过程中对谈判人员进行指导和调控。高层领导应与谈判者保持密切联系，随时给予谈判人员指导和调控。谈判内外的情况在不断发展变化。谈判桌上有些重要决策需要高层领导批准；有时谈判外部形势发生变化，企业决策有重大调整，高层领导要给予谈判者及时指导或建议，发挥出指挥谈判队伍的作用。一般来说，在遇到下述情况时，就有关问题与谈判人员进行联系是十分必要的。

（1）谈判桌上出现重大变化，与预料的情况差异很大，交易条件的变化已超出授权界限，这时需要高层领导做出策略调整，确定新的目标和策略。

（2）企业本部或谈判班子获得某些重要的新信息，需要对谈判目标、策略做重大调整，这时高层领导应及时根据新信息做出决定，授权谈判班子执行。

（3）谈判队伍人员发生变动，尤其是主谈发生变动时，要任命新的主谈人，并明确调整后的分工职责。

3. 关键时刻适当干预谈判。当谈判陷入僵局时，高层领导可以主动出面干预，如可以会见谈判对方高层领导或谈判班子，表达友好合作意愿，化解矛盾，创造条件使谈判走出僵局，顺利实现谈判目标。

第四节　谈判策略的选择准备

谈判桌上风云变幻，任何情形都会发生，而谈判又是有时间限制的，不容许无限期地拖延谈判日程。这就要求谈判人员在谈判之前应对整个谈判过程中双方可能做出的行动做出正确估计，并选择相应的策略。

为了使谈判人员的估计更接近实际情况，在谈判开始前，可组织有关人员根据某次谈判的外部环境（如政治、经济、法律、技术、时间、空间等）、双方的具体情况（如谈判能力、经济实力、谈判目标等），对谈判中双方的需要、观点以及对对方某项建议的反应等问题进行讨论，并针对不同的情况选择相应的对策。

当然，任何一种估计都可能是不准确的，这就要求谈判人员不仅在分析、讨论问题时，必须要以事实为依据，按照正确的逻辑思维方式来进行评估，而且在谈判过程中，也要注意对谈判对手的观察和对谈判形势进行分析判断，对原定的策略进行印证和修改，结合具体情况灵活运用，才能收到理想的效果。

谈判策略的选择分为战略选择和战术选择两部分，战略是用来取得既定目标的一个全局方针。

为了达到全局的目标，要有相应的战术，战术是执行战略的具体方法，所以在选择战略的时候，要考虑到战略以及战术的相应内容。

一、确定谈判中的角色策略

谈判中，有时是单兵作战，更多的时候是多人作战。特别是一些比较大的项目，需要很多人参加谈判。那么，谈判队伍中需要哪些人，每一个人所承担的角色是什么？在谈判的准备阶段要商量好。谈判中一般存在五种角色。

（一）首席代表

任何谈判小组都有首席代表，他主要负责调动谈判资源。首席代表应该由具有专业水平的人员担任，但首席代表不一定是谈判小组中职位最高的。首席代表的责任是指挥谈判，安排谈判小组中的其他人尽自己的职责，需要时召集相应人员加入谈判之中，此外裁决与专业知识有关的事宜，比如决定是否有足够的财力支持公司并购的投标。

（二）白脸

白脸实际上是老好人，在谈判双方意见分歧较大、陷入僵局、谈判进行不下去的时候，白脸可以发挥"和事佬"的作用。白脸一般由被对方大多数人认同的人担当。白脸的责任是对对方提出的要求和观点表示理解，使双方不至于闹翻。白脸还有一个责任，是要给对方安全感，让对方放松警惕，觉得我方在谈判中可能会做出让步，但是让不让步不是白脸说了算，而是负责战略和战术的人说了算。

（三）红脸

红脸又叫黑脸，作用是让对手感到压力，也就是说，让对手感到如果没有红脸这样的人，双方会达成一致的协议，有了红脸，会成为一个阻碍。红脸在谈判中的责任是在谈判较激烈或者对方来势较凶猛的时候使谈判中止或暂停，这样可以把对方的优势降低；红脸的另一个责任是胁迫对方尽量暴露出他们的弱点。

（四）强硬派

强硬派的作用是在每件事情上都采取非常强硬的态度，把简单的问题复杂化，让其他的组员服从他。强硬派的责任是采用延时战术阻挠整个谈判进程，允许他人撤回已经提出的报价；强硬派的另一个责任是观察并记录整个谈判的全过程，使谈判小组的注意力集中在谈判的目标上，避免跑题。

（五）清道夫

清道夫将所有的观点集中，作为综合体提出来。他的责任是设法使谈判走出僵局，比如强硬派把谈判延迟，或者停止，此时就需要清道夫把谈判带出僵局，因为谈判的目的不是闹僵，而是要达成共识。清道夫的另一个责任是防止讨论离题太远，这和强硬派有异曲同工之处。此外，指出对方论据中自相矛盾之处，削弱对方的优势，也是清道夫的责任。

在谈判中这五类人是否一定同时参与谈判呢？不一定，一个人可以扮演不同的角色，他有可能既是强硬派又是红脸，也有可能既是白脸又是清道夫。

这五种类型的角色，在谈判小组中都是必不可少的。

谈判战略之角色分配（见表2－1）：

表2－1　谈判战略之角色分配

角　色	责　任
• 首席代表 任何谈判小组都需要首席代表，由最具专业水平的人担当，而不一定是小组中职位最高的人	• 指挥谈判，需要时召集他人 • 裁决与专业知识有关的事。例如，决定是否有足够的财力来支持公司并购的投标 • 精心安排小组中的其他人
• 白脸 由被对方大多数人认同的人担当；对方非常希望仅与白脸打交道	• 对对方的观点表示同情和理解 • 看起来要做出让步，给对方安全的假象，使他们放松警惕
• 红脸 白脸的反面就是红脸，这个角色就是使对手感到如果没有他或她，会比较容易达成一致	• 需要时中止谈判 • 削弱对方提出的任何观点和论据 • 胁迫对方并尽力暴露对方的弱点
• 强硬派 这个人在每件事上都采取强硬立场，使问题复杂化，并要其他组员服从	• 用延时战术来阻挠谈判进程 • 允许他人撤回已提出的未确定的报价 • 观察并记录谈判的进程 • 使谈判小组的讨论集中在谈判目标上
• 清道夫 这个人将所有的观点集中，作为一个整体提出来	• 设法使谈判走出僵局 • 防止讨论偏离主题太远 • 指出对方论据中自相矛盾的地方

二、设定谈判底线策略

（一）设定不同级别的限度

所谓谈判，首先就是谈、沟通，然后才能做出判决。在谈判中，对方的要求有些是可以拒绝的，而有的内容可以酌情考虑，做出一定的让步，以便使谈判得以进行，顺利达到各自的目的。这就需要我们在谈判之前设定好自己的谈判底线，并加固自己的防线，同时也应当评估对方的底线。当谈判逐步逼近己方底线时，一定要让对方知道自己已经快到底线了。

（二）不要轻易更改自己的底线

自己的底线不能随便更改，一些年轻或者没有经验的谈判者，由于怕谈判对手说"不"，主动更改自己的条件，结果输掉了谈判。因此，一定要坚守底线。此外要注意的是期望与所得是相关的，期望越多，所得也就越多。

（三）达到底线前必须让对方知道

在设定底线的时候，建议谈判者事先做一些假想的练习，找一些人作为自己的谈判对手进行演练，设想谈判中可能遇到的情景、麻烦，这种假想练习的效果往往是惊人的，因为在进行正式谈判之前开始练兵，在谈判中就会心中有数，使主动权牢牢掌握在自己手中。

三、明确谈判主体策略

不同类型的谈判，利益相关主体不同，参与人员也就不同。

日常管理型谈判，主要涉及组织内部问题，以及员工之间的工作关系，比如商定新的薪资标准、合同条款和工作条件的改变，工作范围及角色的界定，甚至加班问题等。这类谈判的参与对象主要是管理人员、员工、工会、法律顾问等。

商业型谈判是公司与公司之间的一个谈判过程。公司之间的谈判是为了获得利益，比如为了满足客户的需求而签订一份合同，就交货的时间，服务的范围，产品质量的要求、价格等达成共识。这类谈判由公司内部的人员、厂商、客户，甚至政府和法律顾问等参与。

法律谈判通常比较正式，并且具有法律约束力。法律谈判主要就一些问题进行讨论和争辩，比如就某一个地方或者国家的既定法规，与主管部门进行的沟通等，这些都是法律谈判的内容，参与对象包括政府、国家、主管部门以及管理人员。

谈判类型如表2-2所示。

表2-2　谈判类型

类　型	举　例	参与方
●日常管理型谈判 这种谈判涉及组织内部问题和员工之间的工作关系	●商定薪水、合同条款和工作条件 ●界定工作角色和职责范围 ●要求加班增加产出	管理人员 员工 工会 法律顾问

续表

类　型	举　例	参与方
● 商业型谈判 公司之间谈判的动机通常是为了商业利益	● 为满足客户需求而赢得一份合同 ● 安排交货与服务时间 ● 就产品质量和价格达成一致意见	管理人员 厂商 客户 政府 工会 法律顾问
● 法律谈判 这类谈判通常是正式的，并具有法律约束力。对事例的争辩与讨论主要问题一样重要	● 遵守地方与国家的既定法规 ● 与主管部门沟通	地方政府 国家政府 主管部门 管理人员

四、评估谈判对手策略

谈判是与竞争对手或谈判对象沟通的过程。因此，对于谈判对手的评估是非常重要的。怎样来评估谈判对手呢？一般在谈判之前，要做以下几方面的准备工作：

第一，了解对手谈判者的个人情况。了解对手的工作环境、工作作风、性格习惯、兴趣爱好、大致经历，先做到知己知彼。推断谈判者个人的谈判风格。

第二，了解对方单位。对谈判对象所在单位进行全面了解，调查其经济实力和资信状况，包括财务状况、流动资金状况、盈亏状况及经营管理状况，其产品生产、销售、售后服务状况，合同履约状况，收付款期限、方式，市场目标与竞争方式等。用以确定其交易规模，以判定能否适合与其建立长期的商务关系。

第三，了解谈判者的谈判权限。这包括谈判团队是否有能力和威信达成目标，是否有做出决定的能力，以及是否有拍板权。谈判中与没有任何决定权的人谈判，等于浪费时间，而且有泄露己方信息的风险。

第四，评估对方的实力。尽可能取得谈判对手更多的资料，这些资料包括对方的谈判参与人员，参与人员的层次、职位，以及他们退出的余地有多大等。

第五，判断对方的谈判诚意。要了解对方是否将己方视为唯一谈判对象，对方合作愿望是否真诚，对方对己方的评价和信任度如何，这些信息可以帮助我们更好地设计谈判方案，争取主动权。

第六，猜测对手的目标，分析对手弱点。对手谈判的目标底线是什么，对手的优先级是什么，谈判对手的弱点，包括他的需求弱点、谈判人的弱点、谈判队伍之间的弱点是什么，要对谈判对手进行全面分析，以获得最准确的资料。

总之，对谈判对手进行评估的时候，情报来源是多方面的，此时情报的准确性非常重要。根据错误的情报，会做出错误的目标设计，或做出错误的猜测和估计，致使谈判失败。因此，宁愿没有情报，也不要用错误的情报。太多的杂乱情报只会弄巧成拙。

此外，还要了解谁来负责检查和评估整个谈判的过程以及结果。可以通过各种各样的方法，包括去图书馆浏览，在网上搜寻，与了解对方的人交谈，查看该公司的年报、市场调查报告、旧简报等，像"渔夫收网"一样对这些资料进行全面收集，这样有利于向对方抛出有利的证据来支持自己的立场。谈判是一个逐步从分歧走向一致或妥协的过程，所以要全面收集信息，整体评估谈判对手。

五、谈判具体策略

恰当运用谈判策略可以在一定程度上避免冲突。谈判的直接目的是为了获得各方面都满意的协议或合同。我们把与我们谈判的人称为谈判对手，双方确有为争取自身利益最大化的对抗关系，但更重要的还是合作关系，是为了合作才有的暂时对抗。所以在谈判中，要恰当使用一些谈判技巧，尽力避免强烈冲突的出现，谈判陷入僵局对谈判双方来说都是失败的。谈判中原则性使用的策略有：

（一）刚柔相济

在谈判程中，谈判者的态度既不要过分强硬，也不可过于软弱，前者容易刺伤对方，导致双方关系破裂；后者则容易受制于人。因此，采取"刚柔相济"的策略比较奏效。谈判中有人充当"红脸"角色，持强硬立场，有人扮演"白脸"角色，取温和态度。"红脸"是狮子大开口，不留情面，直击对方要害，争得面红耳赤也不让步。"白脸"则态度和蔼，语言温和，处处留有余地，一旦出现僵局，便于从中斡旋挽回。

（二）拖延回旋

在商务谈判中，有时会遇到一种态度强硬、咄咄逼人的对手，他们以各种方式表现其居高临下的气势。对于这类谈判者，采取拖延交战、虚与周旋的策略往往十分有效，即通过许多回合的拉锯战，使趾高气扬的谈判者感到疲劳生厌，逐渐丧失锐气，同时使自己的谈判地位从被动中扭转过来，等对手精疲力竭的时候再反守为攻。

（三）留有余地

在谈判中，如果对方向你提出某项要求，即使你能全部满足，也不必马上和盘托出你的答复，而是先答应其大部分要求，留有余地，以备讨价还价之用。

（四）以退为进

让对方先开口说话，表明所有的要求，己方耐心听完后，抓住其破绽，再发起进攻，迫其就范。有时在局部问题上可首先做出让步，以换取对方在重大问题上的让步。

（五）利而诱之

根据谈判对手的情况，投其所好，施以小恩小惠，促其让步或最终达成协议。通过请对方吃饭、馈赠礼品等向对方传递友好信号，是一种微妙的润滑剂，利于谈判进行得更顺畅。但要注意赠送礼品等不应太贵重，以免有贿赂对方之嫌。

（六）相互体谅

谈判中最忌索取无度、漫天要价或胡乱杀价，使谈判充满火药味和敌对态势，谈判双方应将心比心，互相体谅，使谈判顺利进行并取得皆大欢喜的结果。

第五节　谈判的场所准备

一、谈判地点的选择

不能认为谈判地点的选择无关紧要，因为它会对谈判中的战术运用会产生较大影响。一般而言，谈判地点可以选择在己方根据地（主场）、对方根据地（客场），或者是两者之外的中立地（中立场）。这三种选择各有利弊。

（一）主场谈判的优缺点

1. 主场谈判的优点。主场谈判具有以下优点：

（1）谈判时可以自由使用各种场所；

（2）以逸待劳，无须分心去熟悉或适应环境；

（3）可以充分利用资料，需要深入研究某个问题时，还可随时搜集和查询有关资料；

（4）谈判遇到意外时，可以直接向上级请示。

2. 主场谈判的缺点。主场谈判的缺点主要有：

（1）谈判可能要受到其他事务的干扰；

（2）要承担烦琐的接待工作；

（3）对方对他们的责任和义务容易找借口回避。

（二）客场谈判的优缺点

1. 客场谈判的优点。客场谈判的优点主要有：

（1）己方可以全心全意投入谈判，不受或少受其他事务的干扰；

（2）能越级同对方的上司直接谈判，避免对方节外生枝；

（3）现场观察对方的经营情况，易于取得第一手资料；

（4）必要时可以推说资料不全而拒绝提供情报资料。

2. 客场谈判的缺点。客场谈判的缺点主要有：

（1）在谈判中遇到意外情况时和上级沟通比较困难；

（2）临时需要有关资料时不如在主场方便取得；

（3）不容易做好保密工作。

谈判时，到底是客场好还是主场好，根据不同的内容和不同的谈判对手可以有不同的选择。如果是主场，可以比较容易地利用策略性的暂停，当谈判陷入僵局或矛盾冲突时，作为主场可以把谈判暂停，再向专家或领导讨教。

曾经有一次谈判，谈判对方的首席代表是一个非常精益求精、对于数字很敏感、做事情非常认真、要求非常高的人。针对谈判对手的这一特点，主场方在安排座位的时候，故意把对方的首席代表有可能坐的位子固定下来，然后在他对面的墙上挂了张画，并且把画挂得稍微倾斜，当这位首席代表坐到该位置上时，他面对的是一张挂歪了的画，而他本人是一个追求完美的人，他的第一个冲动是站起来把那张画扶正。但是因为他们不是主场，不可能非常不礼貌地站起来去扶正一张画，这使得他在谈判中受到了很大的影响，他变得焦虑、烦躁，最后整个谈判被主场方所控制。所以，有时可以利用主场优势达到谈判的某些目的。

当然，客场也有相应的好处，客场就是自己带着东西到对方那儿去谈。当自己身处客场的时候，可以向主方提出一些要求，如可以把谈判议程要过来。当然，因为客场是不熟悉的环境，会给谈判者带来这样或者那样的心理压力。因此，要做好充分的思想准备。

主客场及中立场地环境利弊对比如表 2-3 所示。

表 2-3　主客场环境利弊对比

位置	考虑因素
主场 公司大厦中的办公室或会议室被认为是主场	比较容易运用策略性的暂停 很难避免计划外的暂停 易于向自己的专家讨教意见
中立地带 第三方的办公室，或租借的公共会议室被认为是中立地带	鉴于对环境的熟悉程度，双方都不能占上风 双方都必须随身携带所需的背景资料，并有专家陪同
客场 客场是指属于对方的办公室或会议室	对环境缺乏熟悉，可能引起不安 不能控制谈判中的细节部署 借口不得不把事情交回给办公室的同事来处理以拖延时间

（三）中立场评价

既不是主场也不是客场，即在第三方进行谈判，这时必须携带好各种各样的工具、设备和有关资料，因为大家对环境都不熟悉，所处的地位相对比较公平。在中立场谈判可使双方心理上感觉更为公平，有利于缓和双方的关系。但由于双方都远离自己的根据地，会给谈判的物质准备、资料收集、与上级的信息沟通等方面带来诸多不便，因而在商务谈判中较少使用（不过在军事、政治谈判中却用得较多）。

二、谈判现场的布置

（一）谈判室的安排

谈判最好能安排在两个房间，一间作为主谈室，另一间作为备用室，有可能的话再配一间休息室。

主谈室作为双方进行谈判的主要场地，应当宽敞、舒适、光线充足，并备齐应有的设备和接待用品。除非征得双方同意，否则主谈室不要安装录音、录像设备，因为这会增加双方的心理压力，言行举止都会谨小慎微，很难畅所欲言。

备用室是双方都可以使用的单独房间，它既可以作为某一方谈判小组内部协商的场所，又可供双方进行小范围讨论之用。备用室最好能靠近主谈室，内部也要配备应用的设备和接待用品。

休息室应布置得轻松、舒适，条件允许也可以适当配置些娱乐设施，以便能使双方松弛一下紧张的神经，缓和彼此之间的气氛。

（二）座位安排

谈判座位的安排有相应的讲究。一般首席代表坐在中间，最好坐在会议室中能够统领全局的位置。"白脸"则坐在他旁边，给人一个好的感觉。"红脸"一般坐在离谈判团队比较远的地方，强硬派和清道夫是一对搭档，应该坐在一起。最好把己方的强硬派放到对方的首席代表旁边，以干扰和影响对方的首席代表。当然，己方的"红脸"一定不要坐在对方"红脸"的旁边，这样双方容易发生冲突。通过座位的科学安排也可以营造良好的谈判氛围。具体来说，可根据不同情况安排谈判中座次排列。

1. 最常见的排位方法是双方人员各自坐在谈判桌的一边，主人居背门一侧，客人居面对正门一侧。主谈人居中，译员一般坐在主谈人旁边，其他人按礼宾顺序排列。这种排位法使谈判小组容易产生安全感和团结感，便于查阅一些不想让对方知道的资料，可以就近和本方人员交换意见。但这样排位也容易造成双方的冲突感和对立感。

2. 另一种排位方法是双方人员随意就座。这种方法能减少对立感，体现双方谋求一致的意愿，利于形成轻松、合作、友好的气氛。但谈判人员内部的信息传递比较困难，不利于主谈人对本方人员言行的控制；如果事先没有这方面的心理准备，还会产生谈判人员被分割、包围、孤立的感觉。

谈判现场的布置及座位的安排，应该为谈判的总目标服务，并且根据双方之间的关系、己方谈判人员的素质和谈判实力等因素而定。

3. 一对一谈判最好选择小圆桌，避免烟硝味比较浓的方桌，也要尽量避免对座，最好侧面而座以降低对立感。如要拉近彼此距离，可在征得对方同意下同坐一排，降低彼此的自我防御意识。若选择公共场所如饭店、咖啡馆，应避开出入口，以免受到干扰。

4. ABT 法则：商务谈判中为了增加说服力，可以 ABT 法则借力使力，由主管陪同出面谈判，形成二对一的有利局面。A—Advisor，指的是主管；B—Bridge，指的是谈判人员；T—Target，代表对方。请出主管后，主谈人由 B 变成 A，尽量将对方的座位安排在主管左边，好让对方能清楚看到主管提出的资料。千万不可让两者对坐，形成对立的感觉。己方谈判人员可以坐在对方谈判人员斜对面，在主管谈判时，以点头、微笑、不插嘴等身体语言增强主管的说服力。对方的座位应背对着大门，以减少干扰。

5. 座位安排与谈判议题密不可分，若议题功能只是提供信息，以简报方式进行，双方主谈人宜坐在面对屏幕与白板的最前方，其他人员依序而坐。如议题功能在于条件的讨价还价，双方主谈人应坐在会议桌两边的中央位置，其他人员分坐于主谈人左右方，以方便彼此交谈。如议题功能设定在讨论问题，最好安排圆桌，让每一位与会者都可以环桌而坐，方便和其他人进行研讨交流。

6. 若谈判气氛不太友善，可运用另类座位安排法加速谈判的进行。以面对不断讨价还价的难缠客户为例，谈判座位的安排不必太舒适，椅子最好没有轮子也没有扶手，桌子也不必太大，甚至选择通风不佳的场地，让对方感觉不自在，这将有利于加速完成谈判。

（三）双边谈判的座次安排

双边谈判多采用长方形或者椭圆形的谈判桌；多边谈判多采用圆桌谈判。无论是长桌还是圆桌，都应该注意座位的朝向。习惯上，面对门口的座位最有影响力。

谈判中，最好的入座方法就是提前按双方职位的高低摆上名牌，谈判双方对号入座。谈判桌座次的排列可以分为以下两种：

1. 横桌式。横桌式座次排列是谈判桌在谈判室内横放，客方人员面门而坐，主方人员背门而坐。

除双方主谈居中就座外，各方的其他人士则应依其身份的高低，各自先右后左、自高而低分别在己方一侧就座。

双方主谈者的右侧之位，在国内谈判中可坐副手，而在涉外谈判中则应是译员座位。座位示意见图2-1。

图2-1 双边谈判横桌式座次排列

2. 竖桌式。竖桌式座次排列是谈判桌在谈判室内竖放。集体排位时以进门时的方向为准，右侧由客方人士就座，左侧由主方人士就座。在其他方面，则与横桌式排座相仿。见图 2 - 2。

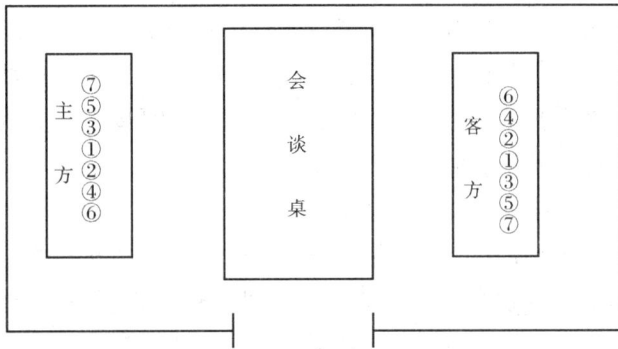

图 2 - 2　双边谈判竖桌式座次排列

(四) 多边谈判

多边谈判是指由三方或三方以上人士所举行的谈判。多边谈判的座次排列，主要也可分为两种形式。

1. 自由式。自由式座次排列，即各方人士在谈判时自由就座，而无须事先正式安排座次。

2. 主席式。主席式座次安排为主席面对正门，其他各方人士面对主席而座（见图 2 - 3）。

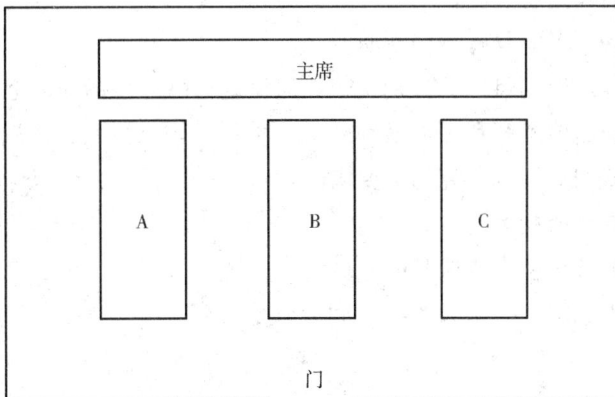

图 2 - 3　主席式座次安排

55

三、营造良好的谈判氛围

第一，要把谈判所需的各种设备和辅助工具准备好。如果在主场谈判，准备相关资料和设备较容易，但如果到第三方地点去谈，就要把设备和辅助工具带上，或者第三方的地点有相应的设备和辅助工具；在客场谈判同样也需要数据、图表的展示，所以，要把相应的设备、辅助的工具准备好。临阵磨枪会让人觉得你不够专业。

第二，选择最佳谈判时间，这也决定了谈判结果。通过调查表明，一般人上午11点的时候精力是最旺盛的。如果自己精力最旺盛的时间是下午两点，而对方下午两点钟容易困，就可以把时间选择在下午两点开始。另外，一周中的最后两天或前半周的两天，对谈判结果也有影响。一般谈判不放在周五，周五很多人都已经心浮气躁，准备休息，没有心思静下心来谈，谈判很难控制，结果可能就不尽如人意。

第三，调节谈判现场的温度。谈判现场的温度要尽量放低一点，温度太高人容易急躁，容易发生争吵、争执，温度放得低一点效果会更好。

第四，谈判现场是否安排点心、是否有休息时间，这都是营造一个好的谈判氛围必须要考虑的。可以迟一点供应点心或者吃午餐、晚餐，让大家有饥肠辘辘的感觉，这样会有利于推进整个谈判的进程。

[思考与练习]

1. 谈判前调查研究的目的是什么？有哪些要求？

2. 成功谈判者应具备哪些素质？

3. 如何设定谈判目标？分别说明如何设定自己的目标和设定对手的目标。

4. 如何全面地了解和评估谈判对手，做到"知己知彼，百战不殆"？

5. 简述谈判前调查研究的主要内容。

6. 如何制订谈判方案？

7. 如何配备小型商务谈判的人员？

8. 在一周之中，你认为谈判时间应该定在哪一天？为什么星期五最不适宜谈判？

第三章
正式谈判阶段——谈判开始

正式谈判阶段也称实质性谈判阶段，指双方面对面进行洽谈的过程。虽然还未进入谈判的实质阶段，但这一阶段对整个谈判过程的影响意义重大。

谈判开始阶段，也叫开局阶段。谈判开局阶段是指谈判开始以后到实质性谈判开始之前的阶段，是谈判的前奏和铺垫。虽然这个阶段不长，但它在整个谈判过程中起着非常关键的作用，它为谈判奠定了一个氛围和格局，影响和制约着以后谈判的进行。因为这是谈判双方的首次正式亮相和谈判实力的首次较量，直接关系到谈判的主动权。这个阶段应就谈判预备内容提出要求，不要直接切入谈判主题。

第一节　谈判开局的基本任务

谈判开局阶段，首先应该创造和谐的气氛。人们通常将谈判的开局阶段称为"破冰期"阶段，它与谈判准备阶段的不同之处在于这个阶段谈判双方开始接触，是进入实质性谈判的短暂过渡阶段。谈判双方在这段时间内相互熟悉，为下一步的正式会谈做准备。

在谈判的开局阶段，双方无论是否有成见，一旦坐到谈判桌前，就应心平气和，坦诚相待，不要在一开始就涉及有分歧的议题或不讲后果地提出要求。

开局阶段的主要任务是谈判通则的协商、建立良好的第一印象、创造合适的谈判气氛和谋求有利的谈判地位等。

一、谈判通则的协商

（一）协商的原则和策略

双方探讨与谈判有关的话题，主要是就谈判的目标、计划、进程、人物等方面交换意见，达成共识。大体遵从的原则有：

第一，先易后难或先难后易策略。

第二，综合式，即横向议题策略。

第三，单项式，即纵向议题策略。

第四，要点策略，要点如时间、主题、议题和议程。

第五，目标策略，目标如不遗漏、己方有利对方损害小。

原则上是把有利于己方的事在程序中突出出来，而把不利于己方的事在程序中尽量避免提及。具体说来有以下三点策略：

第一，把双方比较容易达成一致意见的问题先列出来，再列出难度大的议题，也即本着先易后难的原则确定谈判的程序。

第二，在这个过程中多听才能客观地了解到对方参与这个谈判的目的、需要等，也才能事先设计出相应的策略。

第三，在谈判开始之前，利用议程来让所有参与者确定哪些内容要讨论，哪些问题完全不考虑。

（二）具体协商的要点

1. 给议程中要讨论的各项条款分配固定的一段时间，包括谈判的时间总的期限、开始时间、轮次时间、每次时间的长短、休会时间等。

2. 事先送给每个参与方议程草案。给印有议程的纸张留有大量的空白，以便做记录。议程后面应附有补充页。

谈判议程实际上决定了谈判的进程、发展的方向，是控制谈判、左右局势的重要手段，也是在谈判中掌握主动权的关键因素之一。不同的议程可以阐明或隐藏谈判者的动机：可能已建立一个公平的原则，也可能已使之对一方形势有利；可以使谈判直接切入主题、富有效率，也可使谈判变得冗长，进行无谓的口舌之争。

3. 议程非常重要，有时需要商议议程的内容。具体包括：

（1）谈判的场地，包括具体的谈判场所、对场所的具体要求等；

（2）谈判的主题，包括谈判的中心议题、解决中心议题的大原则等；

（3）谈判的日程，包括洽谈事项的先后顺序、系列谈判的各个轮次的划分、各方谈判人员在每一轮次中的大致分工等；

（4）其他事项，包括成交签约的要求与准备，仲裁人的确定与邀请，谈判人员食宿、交通、游览等。

二、营造适宜的谈判气氛

谈判气氛是谈判开始阶段迅速形成的、对以后行为活动产生深刻影响的心理效应。形成谈判气氛往往是在最开始的时候，且形成时间极为短暂，只有几分钟，甚至几秒钟。它是由谈判人员彼此之间给对方留下的初始印象、谈判人员的诚意状况、个性差异等而造成的综合表现。谈判气氛一旦形成，在以后谈判实务中将会具有较强的影响作用，难以轻易改变。

谈判气氛不仅受最初几秒钟至几分钟内发生的事情的影响，还受到彼此在正式见面前的预先接触、预备会议甚至以前交往印象、传闻等的影响。

谈判气氛实际上是与心理学上的首因效应、晕轮效应等紧密联系在一起的。

谈判是一件十分严肃的事，双方站在各自的立场，为争取各自的利益努力。如果总是一副严肃的面孔，没有一点活泼的气氛，谈判场所死气沉沉、闷不可言，总给人一种压抑的感觉，就会出现少有满足双方利益的建设性的提议，导致出现达成协议的日期一推再推的情况。所以我们应该主动去营造良好的谈判气氛。轻松愉快的气氛能缓解谈判中的紧张情绪，增进人们的感情。在良好的氛围下，人们更容易被尊重，也更容易获得支持和关注，谈判成功的几率也会有所提高。

（一）什么是谈判的开局气氛

谈判气氛是谈判对手之间的相互态度，它能够影响谈判人员的心理、情绪和感觉，从而引起相应的反应。因此，谈判气氛对整个谈判过程具有重要的影响，其发展变化直接影响整个谈判的前途。

任何一种谈判在一开始都涉及谈判气氛，也称为洽谈气氛。脱离谈判活动就没有谈判气氛，而无谈判气氛的谈判活动亦不存在。一般来说，开局气氛如果是冷淡的、对立的、紧张的或松懈的，都不利于谈判的成功。谈判开局气氛也不大可能一下子就变成热烈的、积极的、友好的。

（二）谈判开局气氛的类型

什么样的开局气氛是比较合理的呢？根据开局阶段的性质、地位，根据进一步磋商的需要，开局气氛相对应的有不同的特点。

比尔·斯科特将洽谈气氛分为以下四种：

1. 冷淡的、对立的、紧张的气氛。在该气氛下，双方见面不关心、不热情、目光不相遇、相见不抬头、交谈时语气带双关甚至讥讽口吻等。这一类型的谈判气氛通常是处于法院调解、双方利益对立时出现的。

2. 松松垮垮的、慢慢腾腾的、旷日持久的气氛。在该气氛下，谈判人员进入会场衣冠不整、精神不振，或入座时左顾右盼，显出一种可谈可不谈的无所谓的态度。

3. 热烈的、积极的、友好的气氛。在该气氛下，谈判双方态度诚恳、真挚，见面时话题活跃、口气轻松、情感愉快，双方都对谈判的成功充满热情、充满信心，把谈判成功看成友谊的象征。

4. 平静的、严肃的、严谨的气氛。通常双方已不是谈判生手，也非初次见面，双方自信而内敛，平静如水而不声张，进入谈判场所速度适中、缓缓而行，处于一种相互提防、似有成见的气氛之中。

总的来说，热烈、积极、友好的谈判气氛，有诚挚合作、轻松认真的特点，适合发展合作关系。

我们说，任何一种洽谈气氛都将对谈判起推动或拖延、有利或不利的作用。谈判气氛一旦形成，将影响到谈判过程中具体问题的解决。但根据问题、矛盾的融释与否，谈判气氛也可能发生相应的变化。而新的谈判气氛，又对谈判进程中后继问题的解决，具有一定的促进或阻碍作用。

正是基于此，上述任何一种洽谈气氛都不能简单化评价其优劣好坏。

我们认为，良好的谈判气氛必然是诚挚、合作、轻松和认真的谈判气氛，彼此之间为解决问题而来，且均有诚意。谈判气氛良好，可能为以后顺利解决问题提供良好的前提基础；而谈判气氛恶劣，必然给人无诚意的感觉。

案例分析 ◦◦◦◦➔

富有传奇色彩的创始人史蒂夫·罗斯打算创立时代华纳公司时，他还在从事殡仪馆业务。在罗斯放弃原有工作进入更大规模的行业时，从事的第一项工作，就是有关小型汽车租赁，与凯撒·基梅尔就一笔生意进行谈判。后者在纽约市内拥有大约60个停车场。

罗斯希望基梅尔允许那家汽车租赁公司使用他的停车场出租汽车，租车的客户可以免费使用停车场。作为回报，罗斯打算给基梅尔提成租车费。

谈判开始前，罗斯彻底调查了基梅尔，在各个方面的信息中，有一条引起了他的注意。基梅尔是个不折不扣的赛马迷，拥有自己的马，并让它们参加比赛。罗斯知道一些赛马的事，因为他的姻亲也养马，并且也参加赛马。

当罗斯走进基梅尔的办公室开始谈判时，他做了一件事，此举被后人称为史蒂夫·罗斯经典谈判招数。他很快扫视了整个房间，眼光停留在一张照片上，照片是基梅尔的一匹马站在一次大规模赛马比赛的冠军组中。他走过去，端详了一会儿，然后故作惊讶地喊道："这场比赛的 2 号马是莫蒂·罗森塔尔，是罗斯的亲戚。"听了这话，基梅尔微笑起来。两人话语投机，后来联手进行了一次非常成功的风险投资。那次成功投资的实体最终发展成为罗斯的首家上市公司。

思考题？

罗斯如何通过营造初次见面气氛来赢得谈判？

分析提示：

1. 确切地说，以上例子是运用了自己对友好关系的认识打开了一条特殊的个人沟通渠道。

他们通过各种方式将谈判信息传递给对方，这么做是为了让对方明白他们面对的是与众不同的人，不是前来乞求的人。这说明，让别人认为你是与众不同的一个好办法，就是让他们知道，你认为他们独一无二。以上案例说明，在谈判开始时营造友好的气氛是一种信息交换。

2. 在谈判尚未正式开始阶段，严格讲，从谈判人员初次见面开始，彼此双方就已经开始传递有声的和无声的信息了。营造气氛要在谈判前展开。

（三）开局气氛的特点

开局气氛应该有这样几个特点：礼貌、尊重、自然、轻松、友好、合作、积极、进取。

1. 礼貌、尊重的气氛。谈判双方在开局阶段要营造出一种尊重对方、彬彬有礼的气氛。出席开局阶段谈判可以有高层领导参加，以示对对方的尊重。在谈判过程中，谈判人员要注意自身着装以及言语、肢体语言等，使双方能够在文明礼貌、相互尊重的气氛中开始谈判。

2. 自然、轻松的气氛。开局初期常被称为"破冰"期。谈判双方抱着各自的立场和目标坐到一起谈判，极易出现冲突和僵持。所以，谈判人员在开局阶段首先要营造一种平和、自然、轻松的气氛。可以随意谈一些谈判主题之外的轻松话题，松弛一下紧绷着的神经，不要过早与对方发生争论。

3. 友好、合作的气氛。开局阶段要使双方有一种"有缘相知"的感觉，双方都愿意友好合作，都愿意在合作中共同受益。因此谈判双方实质上不是"对手"而是"伙伴"。基于这一点，营造友好合作的气氛并不仅仅是出于谈判策略的需要，更重要的是双方长期合作的需要。因此，要求谈判者真诚地表达对对方的友好愿望和对合作成功的期望。此外，热情的握手、热烈的掌声、信任的目光、自然的微笑都是营造友好、合作气氛的手段。

4. 积极、进取的气氛。谈判毕竟不是社交沙龙，谈判者都肩负着重要的使命，要付出巨大的努力去完成各项重要任务，双方都应该在积极、进取的气氛中认真工作。谈判者要表现出追求进取、追求效率、追求成功的决心，不论有多大分歧、有多少困难，相信一定会获得双方都满意的结果。

（四）谈判开局气氛的作用

谈判一般都是互惠式谈判，成熟的双方谈判人员都会努力寻求互利互惠的最佳结果。良好的气氛具有以下良好效应：

第一，为即将开始的谈判奠定良好的基础；

第二，传达友好合作的信息；

第三，能减少双方的防范情绪；

第四，有利于协调双方的思想和行动；

第五，能显示主谈人的文化修养和谈判诚意。

这些效应说明，在谈判之初建立一种和谐、融洽、合作的谈判气氛无疑是非常重要的。如果谈判一开始就形成了良好的气氛，双方就容易沟通，便于协商。所以谈判者都愿意在一个良好的气氛中进行谈判。

（五）如何营造良好的开局气氛

营造良好的谈判气氛，主要应从以下三方面的内容加以考虑。

1. 形成良好的开局原则。在开局阶段，要形成良好的开局，就要对对方发言的次序、发言时间的分配以及议事日程的确定等具体问题给予特别重视。一般来说，好的开局原则包括：①提供或享受均等的发言机会；②讲话尽量简洁、轻松，切勿打断对方；③合理安排发言次序；④选择对方希望或愿意接受的开局方式；⑤抱着积极的、合作的态度；⑥乐意接受对方的意见。

2. 合理运用影响开局气氛的各种因素。谈判应是互惠的，一般情况下双方都会谋求一致，为了达到这一目的，洽谈的气氛必须具有诚挚、合作、轻松和认真的特点。要想取得这样一种洽谈气氛，需要有一定的时间，不能在洽谈刚开始不久就进入实质性谈判。因此，要花足够的时间，利用各种因素，协调双方的思想或行动。

（1）表情和眼神。人的表情可以表明谈判人员的心情，是信心十足还是满腹狐疑，是轻松愉快还是剑拔弩张，是精力充沛还是疲惫不堪，这些都可以在人的表情上反映出来。反映表情最敏感的器官是头部、背部和肩膀。通过观察这些部位表情的变化，可以窥见谈判人员的心理状况。要特别注意脸上的表情，以下几点要特别予以重视：

第一，面无表情，会使魅力与信用降低。

第二，脸上的表情只有善变和用得恰当，才可能发挥良好的交流作用。

第三，脸上的表情务必率真、自然。

第四，脸上表情的表达，关键在于眼睛的变化。当然除了眼睛之外，口唇的变化，脸部肌肉的变化，也自然会改变脸上的表情。

谈判人员目光的交流十分重要，眼睛是人心灵的窗户，谈判人员心理的微小变化都会通过眼神表示出来。双方通过对方眼神的变化，来窥测其心理情况。西方心理学家认为，谈判双方第一次目光交流意义最大，对手是诚实还是狡猾，是活泼还是严肃，一眼就可以看出来。

（2）气质。一个人具备什么样的气质，对其精神面貌有很大的影响。气质是指人们相当稳定的个性特征、风格和气度。良好的气质，是以人的文化素养、文明程度、思想品质和生活态度为基础的。在现实中，有相当多的人只注意穿着打扮，并不注意文化素养和思想品质，结果导致精心打扮却不能给人以美感，相反显得庸俗做作。气质美首先应当表现在丰富的内心世界上，理想是内心世界的一个重要内容；品德是气质美的又一重要方面；为人诚恳、心地善良是不可缺少的；文化水平在一定程度上对气质起着很大的影响作用。气质美看似无形，实为有形。它通过一个人的态度、个性、言语和行为等表现出来，举手投足、待人接物皆属此列。

（3）风度。风度是气质、知识及素质的外在表现。风度美包括以下几个方面的内容：

第一，饱满的精神状态。一入场就神采奕奕、精力充沛、自信而富有活力，这样能激发对方的兴趣，活跃会场的气氛。

第二，诚恳的待人态度。不管是谁，一入场就应对所有对手表现出诚恳而坦率的态度。应端庄而不冷漠、谦逊而不矫饰、热情而不轻佻。

第三，受欢迎的性格。性格是表现人的态度和行为较稳定的心理特征。性格是通过行为表现出来的，与风度密切相关。要使自己的风度得到别人的赞美，就应当加强自身性格的修养。要大方、自重、认真、活泼和直爽，尽量克服性格中的弱点，诸如轻佻、傲慢及幼稚等，千万不要因小失大。

（4）服饰。谈判人员的服装是决定其形象的重要因素。服装的质地、款式、色调与搭配状况，深刻反映着谈判人员的审美品位、阅历视野和价值观。

（5）传播媒介。利用传播媒介制造谈判舆论或气氛，是指谈判的主体通过传播媒介向对方传递意图，施加心理影响，制造有利于自己的谈判气氛或启动谈判的背景。在现代社会，许多谈判在没有正式开始以前，舆论的准备往往就已经开始了，并发挥了相当大的作用。有效地制造谈判舆论气氛，可以引导谈判双方以期待的方式走到谈判桌前，开始预期的谈判。

案例分析 ◦◦◦→

营造良好的谈判气氛

1994年，美国全年贸易逆差居高不下，约1 800亿美元。其中，对日本的逆差居首位，达660亿美元，而这中间60%的逆差产生于进口的日本汽车。日本汽车大量进入美国市场，一年约400万辆。于是就有了1995年的美日汽车贸易谈判。

美国谈判方认为日本汽车市场不开放，而日方却认为本国政府未采取任何限制措施。

为了使谈判顺利，日本在谈判正式开始前就致力于改善谈判气氛，日本汽车制造业协会出钱在华尔街报纸做广告，广告标题是"我们能多么开放呢"，接着用文字加以说明："请看以下事实：一、对进口汽车、零件无关税；二、对美国汽车实行简便的进口手续；三、美国汽车免费上展台；四、销售商根据市场需求决定卖什么车。"之后，又总结出美国车在日本销售不好的原因——日本汽油昂贵。所以日本人只能买省油的小型车，而美国出口的是大型车。广告最后得出结论——自由贸易才是成功之路。

根据日本汽车制造业协会所做的市场调查，看过报纸的美国人都认为日本讲的有道理，从而为之后的美日谈判形成了良好气氛。

思考题 ？

1. 日本营造谈判气氛的时机是什么？
2. 日本用什么方法营造谈判的良好气氛？

分析提示：

营造良好气氛要考虑双方之间的关系。

1. 如果双方有过业务往来，关系很好，应把这种友好关系作为谈判基础。在热情、真诚畅谈中将话题较快转入实质性谈判。

2. 如果有过业务往来，但关系一般，要尽可能争取创造比较友好、随和的气氛，并在适当的时候，将话题转入实质性谈判。

3. 如果有过业务往来，但对对方的印象不佳，在比较严肃的气氛中，可对双方过去的业务合作关系表现出不满和遗憾，并希望通过此次谈判改变这种状况。

4. 双方过去没有过业务往来，力争创造比较友好、真诚的气氛，淡化双方的陌生感，以轻松的话题为主，并选择适当的时机，将话题转入实质性谈判。

三、建立良好的行为方式

在谈判开始之前，谈判者的行为方式可以从以下几方面考虑：

第一，以自信、稳健的步伐出现在对方面前；

第二，诚恳、适当地和对方握手并进行第一次目光接触；

第三，轻松自然地行动和说话；

第四，讨论非业务的中性话题；

第五，把握导入和破题时间；

第六，讲究礼仪和礼貌。

掌握以上这几点，会使谈判双方都获益匪浅。这是因为它不仅可以建立一种诚挚、轻松的、类似于社交场合的气氛，还可以避免产生对合作有破坏或消极作用的、互相敌视和防范的情绪，使双方更容易达成协议。

四、开场陈述

在开场陈述阶段，双方说明自己的情况，陈述自己的观点，倾听对方的提案，发盘，做反提案，还盘，互相让步，最后达成协议。

（一）开场陈述需注意以下三点

1. 仔细考虑开场白，营造积极基调。在谈判中开场白非常重要，好的开场白可以营造积极的基调，反之，不好的开场白会影响谈判的顺利进行。从不会引起争议的话题开始谈判，可以为谈判营造积极的基调。例如谈判可以从比较轻松的话题开始——谈论各自的经历，甚至问一些私人问题，如问对方周末是怎么过的，这些轻松的话题容易把谈判的气氛营造得更积极，更有利于谈判的开展。

2. 预测气氛。到达谈判现场之前，应该预测谈判的气氛。其目的是：做最坏的打算，制定最好的目标。通过对谈判气氛的预测，选择适当的开场白，从开场白开始向设定的最好目标迈进。

3. 察言观色。谈判前仔细观察对手的身体语言、手势、表情、眼神等，从对方的身体语言中获得各种各样的信息。学会解读身体语言，例如：

- 手臂或腿交叉，表示他正处于一种防御的状态；
- 往后靠，表示厌倦；
- 抬眉毛，表示惊讶，可能出乎他的意料；
- 交换眼色，表示可能达到目的；
- 身体向门口倾斜，表示他不喜欢这个地方，或者想离开、有急事。

总之，从谈判者的身体语言中可以解读很多细节内容，包括谈判进入什么状态，对方是否希望继续跟你谈判等。

那么，针对身体语言信息，应该如何做出积极的回应呢？

表 3 - 1 表示的是身体语言及其对策。

表 3 - 1　身体语言及其对策

对方的身体语言	我们的对策
身体往前倾、态度比较积极（感兴趣）	更积极，诱使他做出决定
头、眼神朝上（缺乏兴趣）	通过各种方法去吸引他
两手抱于胸前（反对）	避开或通过沟通、举止言谈去影响他
身体坐得既不前倾，也不后仰（中立）	争取他的合作
摸着下巴在思考	促使他做出决定

值得注意的是，一些经验丰富的谈判者会利用身体语言来迷惑对方。因此，身体语言并不能完全地、真实地表现谈判者的内心，要更准确地判断谈判者的内心，还要综合整个现场环境以及谈判对方的所有人的身体语言来判定。

（二）具体操作

在具体操作中，我们需要明确"4P"，即明确谈判的目标（Purpose）、计划（Plan）、进度（Pace）、个人（Personalities）四个要素，简称"4P"。

1. 目标。所谓谈判的目标，是指双方所明确表述出来的对此次谈判所期望达到的目的和意图，明确双方为什么要进行此次谈判。

2. 计划。所谓计划，是指谈判的议程安排表。在计划中具体包括在整场谈判活动中，双方要涉及到的议题以及双方必须遵守的规程。

3. 进度。所谓进度，是指双方在会谈过程中进展的速度。

4. 个人。个人是指谈判各方代表中每个成员的具体情况，包括姓名、业务专长、谈判角色、个性风格、兴趣爱好等。

（三）开始阶段要注意的谈判技巧

1. 陈述简洁、逻辑清晰。无论是陈述己方的意图还是论述己方的观点，都必须做到不拖泥带水，不啰哩啰嗦，不滔滔不绝。开场阐述是原则的，不是具体的。阐述自己的看法时要采用"横向铺开"的方法，只需阐明谈判的主题、立场、所涉及的利益即可，而不要深谈某一具体问题。开场阐述要简明扼要，冗长的发言可能让对方产生反感。

2. 轮流发言、机会相当。这是指要使每一位洽谈参加人员都有发言的机会，谈判代表是来谈判的，而不是一般的观众。可以让对方先谈。谈判人员可以首先保持沉默，不说明自己的意图，即使心中有明确的意图，也不妨先听听对方的看法、立场及利益所在。这样，有利于争取谈判的主动权，使己方的阐述有针对性、灵活性和余地。

3. 多听少说，有效倾听。缺乏经验的谈判者最大的弱点是不能耐心地听对方发言，他们认为自己的任务就是谈自己的情况，说自己想说的话和反驳对方的反对意见。因此，在谈判中，他们总在心里想下面该说的话，不注意听对方发言，许多宝贵信息就这样失去了。他们错误地认为优秀的谈判人员是因为说得多才掌握了谈判的主动。其实成功的谈判人员在谈判时把50%以上的时间用来听。他们边听、边想、边分析，并不断向对方提出问题，以确保自己完全正确地理解对方。他们仔细听对方说的每一句话，而不仅是他们认为重要的或想听的话，因此而获得了大量宝贵信息，增加了谈判的筹码。有效倾听可以使我们了解对方的需求，找到解决问题的办法，修改我们的发盘或还盘。

"谈"是任务，而"听"则是一种能力，甚至可以说是一种天分。"会听"是任何一个成功的谈判人员都必须具备的条件。在谈判中，我们要尽量鼓励对方多说，我们要向对方说"Yes""Please go on"，并提问题请对方回答，使对方多谈他们的情况，以达到尽量了解对方的目的。

4. 取得共识，诚意合作。在谈判一开始就应该富有合作精神。只要有可能，应当尽量多提出一些使双方意见趋向于一致的问题或建议、设想。要给对方足够的时间和机会发表不同意见，不要粗鲁地打断对方的讲话，也不要急于发表自己的见解和评论。要在听取对方陈述、搞清对方意图的基础上，独立地陈述自己的观点和立场，不要为对方的观点和立场所左右，要给对方充分搞清己方意图的机会。只阐述己方立场，注意力放在己方利益上，不必阐述双方的共同利益，也不要试图猜测或假设对方的立场。

5. 调整、确定合适的语速。避免谈判开头的慌张和混乱，时刻牢记自己所要达到的目的，做到有的放矢。陈述应以诚挚和轻松的方式表达，以协调洽谈气氛。

6. 注意采用礼貌用语、弹性用语、转折用语。要尽可能地避免言之无物的用语、以我为中心的用语、过分专业化和特殊化的用语、概念上具有差异的同一用语以及极端用语等。要注意语调、声音、停顿和重复。抑扬顿挫的语调，节奏适中的语速，优美动听的声音，都能增加听者的兴趣，吸引对方的注意力。谈判者应该通过声音和语调的变化显示自己的信心和决心，表达自己诚挚的愿望。在发言中忽然停顿或重复几句话，有时能起到意想不到的作用。它可以引导听者对停顿前后的内容和重复的内容进行回想、思考，从而加深对方的理解。停顿还可给对方机会，使之抒发己见。对于谈判对手要善于察言观色，尤其要注意眼神和肢体语言。此外，还应当尽可能地洞悉对方的思考模式。

（四）如何提出己方的建议

如果想让谈判能够在积极主动的情况下进行，需要双方提出自己的建议。由对方先提议会对自己比较有利，所以通常情况下，谈判双方都希望对方先提出建议，如果事情正如自己所料，就相应地调整己方的策略。

通常人们认为开场提议是不切实际的，如果不得不首先提出建议时，或者决定先提出开场提议，那么就应提出比自己希望高的要求。例如说到价格时，先把价格定得高一些，再通过谈判慢慢下调，这样就会为谈判营造一个较大的回旋空间，不至于太被动。在提出建议时，要注意以下几方面的内容：

1. 尽量客观。提出建议时，一定要避免主观臆断。

2. 给谈判双方留有余地，不要把对手逼进死胡同。不要说诸如"你不这么做，我们就走人"的话。提议也不要显得太聪明，不要自以为是，因为谈判对手不愿意跟过于精明、斤斤计较的人打交道。

3. 提出建议时，选择时机特别重要。如果不得不先提出提议，也要在谈判的整个气氛非常融洽的时候提出。

4. 注意措辞。简洁地概述你的提议，然后保持安静，表示你已说完了，允许对方体会你说的话。

5. 仔细倾听对方的谈话，坦然自若地拒绝第一个提议，有条件地提供服务。例如："如果你做这个，我们会做那个"；或试探对方的态度："如果……你会怎么想？"

（五）谈判中不应做的事

谈判中要注意以下几点不要做：

1. 在谈判早期不要做太多的让步；

2. 开场的提议不要讲得太极端，以免在不得不退让时下不了台；

3. 不要说"绝不"；

4. 不要只用"可以"和"不可以"来回答问题；

5. 不要让对方看起来很愚蠢；

6. 不能居高临下，出言不逊；

7. 不能一味迁就忍让，一味迎合。

（六）　怎样回应对方的提议

　　一方提出提议之后，另一方也会按照自己的目标提出自己的提议、要求和意见。这时怎么回应对方的提议？回应对方提议时，应注意以下五点：

　　1. 避免马上给出意见。当对方提出一个建议时，要避免马上给出赞成或反对的意见；考虑对方的提议时，不要害怕保持沉默，同时也要清楚对方也在估计你的反应；找出彼此立场的共同之处；等对方把话说完之后再做出答复。

　　2. 澄清提议，做出答复。要集中讨论你没有把握的问题，并激发对方去纠正。这样可以发现哪些是有把握回答的，哪些是没把握回答的。对于没有把握的问题，要集中精力讨论，然后再做出答复，完全理解对方的意思是非常重要的。做出答复的时候，使用坦诚的身体语言，不要过分暴露自己的意图，要让对方猜测你的反应。

　　3. 缓兵之计——不想马上做出答复时。有时，对方的提议无法答复，或者不想马上做出答复，这时候可以采取缓兵之计。如交货期原来是 90 天，但现在对方要求 30 天，也许无法满足对方的要求，或者要做到就要付出很大的代价，所以不愿意马上答复。这时，就要采用缓兵之计。缓兵之计有各种方法，主客场不同，所用的方法也不一样，例如"还要跟技术顾问探讨一下""这件事情还要请示领导"等。

　　4. 提供选择。在回应对方提议的时候，还可以考虑给对方提供一种选择，每一项选择对对方可能有好处，也可能有不足的地方。从对方最关心的事情中甄别出对自己最不重要的事情，并将它们纳入自己的反报价中。这样，你会显得愿意让步，但实际上不会放弃任何对自己有重要价值的东西。

　　5. 利用沉默、冷场。在谈判过程中，不要害怕沉默、冷场。沉默、冷场是一件好事，如果对方性子比较急，或者不懂如何利用冷场，那么，对方就有可能先开口说话，从而可以得到更多的信息。出现冷场，对手也可能会反思自己的言行，例如价格太不合理或者问题提错了等，对方会怀疑自己，把自己往坏处想。所以谈判中不要怕冷场，而且要敢于问别人问题，自己不明白、不清楚的要敢于去问，不要认为问问题显示出自己的无知。问题可以不断地问。掌握的信息越多，就越能控制谈判的局面。总结对方的提议是个好主意。

（七）　改变僵局的办法

　　在谈判中往往会遇到僵局，特别是在回应提议的时候。改变僵局要注意以下三点：

　　1. 鼓励对方继续进行下去，如说："哎呀，我们做了这么多努力，已经达成一些共识，不要轻易放弃。"

2. 建议休会和调整，以缓和僵局。

3. 伸出"橄榄枝"，相互和解、交流。

第二节　选择开局方式

谈判开局阶段中的谈判双方对谈判尚无实质性感性认识。各项工作千头万绪，无论准备工作做得如何充分，都免不了遇到新情况、碰到新问题。由于在此阶段中谈判各方的心理都比较紧张，态度比较谨慎，都在调动一切感觉功能去探测对方的虚实及心态。因此，在这个阶段一般不进行实质性谈判，而只是进行见面、介绍、寒暄，以及谈判一些不很关键的问题。这些非实质性谈判从时间上来看，只占整个谈判程序中一个很小的部分；从内容上看，似乎与整个谈判主题无关或关系不太大，但它却很重要，因为它为整个谈判定下了基调。如何开局，可以从以下几个角度入题。

一、轻松入题

在谈判人员即将开始正式谈判时，气氛往往比较紧张、严肃，谈判人员往往也有忐忑不安的心理，尤其是谈判新手，在比较重要的谈判中更是如此。采用恰当的入题技巧，有助于消除紧张气氛和尴尬心理，使谈判在轻松自然的气氛中进行。入题通常有以下五种类型。

（一）从题外话入题

题外话内容很多，一般包括：有关气氛或季节的话题；有关新闻的话题；有关社会名人的话题；有关个人嗜好、兴趣的话题；有关衣、食、住、行的话题；有关健康的话题；有关出门旅行的话题；有关流行时尚的话题；对对方有利的话题；等等。

（二）从"自谦"开始入题

自谦在谈判开局时常常用到。例如，对方在己方地点谈判，可以谦虚地表示各方面照顾不周，向对方表示歉意。或者由主谈人介绍自己的经历，谦虚地说明自己缺乏谈判经验，希望通过谈判，学习经验，建立与对方的合作、友谊关系。

（三）从介绍己方谈判人员入题

谈判负责人可以适当介绍己方谈判人员的姓名、经历、学历、年龄、著作、成绩等。这样既打开了话题，消除了紧张气氛和忐忑不安的心理，又可以使对方了解己方谈判人员的基本情况，显示自己的谈判力量和阵容，威慑对方。

（四）从介绍己方的生产、经营、财务状况等入题

供给对方一些有关生产经营的资料和基本情况，显示己方雄厚的财力和良好的信誉，可以影响对方，坚定对方的谈判信念。

（五）从具体议题入手

一般的谈判需要解决很多问题，并进行多次谈判。在具体的每次谈判中，双方可以首先确定每次会谈的议题，然后确定会谈程序，按程序一步步进行。具体的议题宜小不宜大。但采用这种技巧要有一个统一规划和安排，要避免形成"马拉松"的局面。

二、开局方式

（一）友好协商的开局方式

所谓协商，就是共同商量以便取得一致意见。在谈判中，各方就洽谈程序、议题以及具体内容等相互协商，补充和发表双方一致的观点和意见，有助于创造良好和谐的气氛，使双方忘掉彼此的争执，从而在愉快友好的气氛中将谈判引向深入。

运用协商开局技巧，可以简单地运用婉转而友好的问话，例如："我们先共同确定会谈议程，您是否同意？""我想首先和您商量一下今天洽谈的议题，您的看法如何？"协商开局技巧也可以贯穿于开局谈判的始终，从而把开局谈判自然地引向实质性谈判。

下面的例子便是协商技巧的运用：

甲方："我们彼此介绍一下各自的生产、经营、财务和商品的情况，您看如何？"

乙方："完全可以，如果时间、情况合适的话，我们可以达成一笔交易，您会同意吧？"

甲方："完全同意。我们谈半天如何？"

乙方："估计介绍情况一个小时足够了，其他时间谈交易条件，如果进展顺利，时间差不多，行。"

甲方："那么，是贵方先谈，还是我先谈？"

乙方："随便，就请您先谈吧。"

从以上例子可以看出，协商开局虽然简单，但却有助于谈判者在自然轻松的气氛中进入正式洽谈，从而使谈判各方在谈判程序、方式和速度等方面达成一致意见。

（二）坦诚直率的开局方式

坦诚是谈判所提倡的。但在谈判中，坦诚直率也会冒风险，它有时会被对方利用而逼迫你让步。尽管如此，坦诚直率仍不失为一种好的开局技巧。坦诚直率不但可以把对方想知道的情况坦诚相告，而且还可以站在对方的立场上设想并回答一些问题，同时，还可以适当透露己方的某些动机和真实想法。

运用坦诚直率的开局技巧，是获得对方好感和信赖的好方法，人们往往对肯透露一切的人有亲切感。它还能满足听者的自我意识及充分的权威感，有助于谈判的深入。它还有利于提高谈判效率，节约谈判时间，避免不必要的矛盾和纠缠，从而取得预期的谈判效果。例如，一个经济实力较弱的小厂与一个经济实力强的大厂在谈判时，小厂的主谈人为了消除对方的疑虑，向对方表示道："我们摊子小，实力不够强，但人实在，信誉好，产品质量符合贵方的要求，而且成本较其他厂家低。我愿真诚平等地与贵方合作。我们谈得成也好，谈不成也好，我们这个小弟弟起码可以与你们这个大兄长交个朋友，向你们学习生产、经营及谈判的经验。"这几句肺腑之言不仅可以表明自己的开局意图，而且可以消除对方的戒心，赢得对方的好感和信赖，这无疑会有助于谈判的深入进行。

（三）紧张冲击的开局方式

一般来说，谈判各方都希望谈判开局的气氛是轻松、和谐、平等的。但是在谈判的某些场合，特殊情况下，有时也会出现非常的表现。比如，有的谈判人员自恃经济实力强，企业规模大，开始就表现出冷漠、傲慢，所谈话语无不以居高临下之势百般刁难对方；有的利用手中的紧俏商品，或对方急需的原材料，来卡对方的脖子，甚至伤害对方的感情。对于这种情况，谈判者一方面要承认它、正视它；另一方面，可以用巧妙的手段来对付它。

冲击式技巧是可以利用的一种手段。例如，一位客商利用某企业急需他们原料且濒于停产之机，大肆抬高交易价格，并且出言不逊，伤害该企业谈判人员的感情，诋毁该企业的名誉。在这种情况下，如果该企业的谈判人员一味谦恭，只能适得其反，助长对方气焰。该企业谈判人员在谦恭、退让之后，突然拍案而起，采用了冲击式技巧。他指责对方道："贵方如果缺乏诚意，可以请便。我们尚有一定的原料库存，并且早就做好了转产的准备，想必我们今后不会再有贸易往来，先生，请吧!"由于谈判双方已经投入了一定的人力、财力，再加上利益所在，这种冲击式的表达技巧产生了应有的效果，促使对方终于坐下来开始了真诚的谈判。

值得注意的是，在谈判中这种技巧不在万不得已的情况下不可随意采用，即使采用，也不要给对方的行为定性或批评其动机，更不能有失礼节，进行人身攻击，来伤害对方的感情。因为这样于事无补，也无法扭转对立局面。谈判者要尽可能地避免情绪性的对立。

三、开局技巧

(一) 以逸待劳

东道主在对方刚抵达谈判地点时就亮出紧凑的日程安排，礼貌地请对方接受，目的是打乱对方计划，在对方没能充分休息的情况下展开高强度谈判。使用该技巧要注意时机恰当、理由充分、态度诚恳、有歉意说词。一般在己方实力相对雄厚、对方迫切需要达成协议，或再次交易可能性小而对方谈判能力比较弱的情况使用。

(二) 盛情款待

东道主在正式谈判前，举行高级别宴请，或赠送贵重礼物，或安排高档旅游、休闲、保健等活动。其目的在于高级别礼遇让对方产生受之有愧、应该回报的心理，以软化对方谈判立场、原则和态度。注意所谓的高档次要把握时机、火候、分寸，过头会有贿赂和动机不纯的嫌疑。一般在对方是谈判新手或对方人情味重、注重礼遇回报的情况下使用。

(三) 先声夺人

先声夺人指率先表明己方坚定的态度、立场与原则，或通过介绍、演示等手段渲染己方实力、优势、业绩，旁敲侧击指出对方劣势、不足，削弱对方的谈判地位。目的是树立己方强势地位，把握主动权。注意要有十足的依据和信心。一般在对方期望达成交易、己方实力优势明显或对方弱势特点突出时使用。

(四) 以静制动

己方立场简要阐述，专注于倾听、记录、推敲对方意见，最后向对方大量提问。目的是先判断对方实力、思路、方案，以调整己方方案，同时寻找对方破绽，来做迫使对方让步的筹码。注意鼓励对方多多发言，对关键问题和对方有意回避的事项提问，不去反驳对方观点，做好倾听、记录、分析。

一般在己方不了解市场行情、交易规则与惯例，或处于弱势，对方气势十足、急于求成时使用该技巧。

第三节　开局阶段的策略

谈判策略是指在谈判过程中，谈判者为了达成某个预期目标而采取的一些行动方法的有机组合。这里的行动方法不是客观的程序和规则，而是主观发挥的能动性、适应性组合，更具实践性。

谈判策略是多种多样的，本书只能把一些常见的、经过实践检验的有效策略与技巧加以总结，但所介绍的远远不是策略与技巧的全部，现实中有效的策略与技巧犹如浩瀚的海洋，是呈现不尽的。谈判桌上，各种技巧层出不穷，洋洋大观，这里只能稍作列举，真正的谈判功力要靠融会贯通、不断实践砥砺而获得，绝不可能一蹴而就。

谈判开局的策略，体现在定调关系上，主要有以下四种。

一、一致性开局策略

一致性开局策略又称积极姿态策略，是指以协商、肯定的语言进行陈述，使对方对己方产生好感，创造双方对谈判的理解充满"一致性"的感觉，从而使谈判双方在友好、愉快的气氛中展开谈判工作。

一致性开局策略适用于谈判双方实力比较接近、双方过去没有往来的经历、第一次接触、都希望有一个好的开端的情况下。要多用外交礼节性语言、中性话题，使双方在平等、合作的气氛中开局。比如，谈判一方以协商的口吻来征求谈判对手的意见，然后对对方意见表示赞同，双方达成共识。要表示充分尊重对方意见的态度，语言要友好礼貌，但又不刻意奉承对方。姿态上应该是不卑不亢，沉稳中不失热情，自信但不自傲，把握住适当的分寸，顺利打开局面。

案例分析 ◦◦◦➡

《美丽的亚美利加》乐曲

1972 年尼克松总统访华，中美双方将要展开一场具有重大历史意义的国际谈判。为了创造一种融洽和谐的谈判环境和气氛，在周总理的亲自领导下，对谈判中的各种环境都做了精心的准备和安排，甚至对宴会上要演奏的中美两国民间乐曲都进行了精心的准备。在欢迎尼克松一行的国宴上，当军乐队熟练地演奏起由周总理亲自选定的《美丽的亚美利加》时，尼克松总统简直听呆了，他绝没有想到能在北京听到他如此熟悉的乐曲，因为这是曾指定在他的就职典礼上演奏他最喜爱的家乡乐曲。敬酒时，他特地到乐队前表示感谢，此时国宴达到了高潮，这种融洽而热烈的气氛也感染了美国客人。

思考题？

为什么要演奏乐曲《美丽的亚美利加》？

分析提示：

一致式开局策略的目的在于创造取得谈判成功的条件，《美丽的亚美利加》乐曲是针对特定的谈判对手，为了更好地实现谈判的目标而进行的一种一致式谈判策略的运用。

二、坦诚式开局策略

坦诚式开局策略是指以开诚布公的方式向谈判对手陈述自己的观点或意愿，尽快打开谈判局面。坦诚式开局策略比较适合于有长期的业务合作关系的双方，以往的合作双方比较满意，双方彼此又比较了解，不用太多的客套，减少了很多外交辞令，节省了时间，直接坦率地提出自己一方的观点、要求，反而更能使对方对己方产生信任感。

采用这种开局策略时，要综合考虑多种因素，例如，自己的身份、与对方的关系、当时的谈判形势等。

坦诚式开局策略有时也可用于谈判实力弱的一方谈判者。本方实力弱于对方，这是双方都了解的事实，因此没有必要掩盖。坦率地表明己方存在的弱点，使对方理智地考虑谈判目标。这种坦诚也表达出实力较弱一方不惧怕对手的压力，充满自信和实事求是的精神，这比"打肿脸充胖子"，大唱高调掩饰自己的弱点要好得多。

案例分析 ○○○⇨

"洋先生"和"土朋友"

北京某区一位党委书记在同外商谈判时，发现对方对自己的身份持有强烈的戒备心理，这种状态妨碍了谈判的进行。于是，这位党委书记当机立断，站起来对对方说道："我是党委书记，但也懂经济、搞经济，并且拥有决策权。我们摊子小，并且实力不大，但人实在，愿意真诚与贵方合作。咱们谈得成也好，谈不成也好，至少你这个外来的洋先生可以交一个我这样的'土'朋友。"寥寥几句肺腑之言，打消了对方的疑惑，使谈判顺利地向纵深发展。

思考题？

这里这位书记采用的开局策略，考虑了哪些因素？

分析提示：

坦诚式开局策略有时也可用于谈判实力较弱的一方，当己方的谈判实力明显不如对方并为双方所共知时，坦率地表明己方的弱点，让对方加以考虑，更表明己方对谈判的真诚，同时也表明对谈判的信心和能力。

三、慎重式开局策略

慎重式开局策略（又称防御式情景策略），是指以严谨、凝重的语言进行陈述，表达出对谈判的高度重视和鲜明的态度，目的在于使对方放弃某些不适当的意图，以达到把握谈判的目的。

慎重式开局策略适用于谈判双方过去有过商务往来，但对方曾有过不太令人满意的表现，己方要通过严谨、慎重的态度，引起对方对某些问题的重视。例如，可以对过去双方业务关系中对方的不妥之处表示遗憾，并希望通过本次合作能够改变这种状况。可以用一些礼貌的提问来考察对方的态度、想法，不急于拉近关系，注意与对方保持一定的距离。这种策略也适用于己方对谈判对手的某些情况存在疑问，需要经过简短的接触摸底。当然，慎重并不等于没有谈判诚意，也不等于冷漠和猜疑，这种策略正是为了寻求更有效的谈判成果而使用的。

案例分析

小厂谈判占主动

江西工艺雕刻厂经过努力从一家濒临倒闭的小厂，发展成为产值200多万元的专业雕刻厂，产品也打入日本市场，并被誉为"天下第一雕刻"。

有一年日本三家株式会社的老板同一天来到该厂订货。其中一家资本雄厚的大商社，要求原价包销全厂的佛坛产品。面对此种好事，厂家认为，三家原来都经销韩国、中国台湾地区产品的商社，为什么争先恐后、不约而同到厂来订货呢？于是仔细查阅了日本市场的相关资料，发现本厂木质上乘、技艺高超是吸引他们订货的主要原因。该厂决定采用"待价而沽""欲擒故纵"的谈判策略。先不理大商社，积极抓住两家小商社求货心切的心理，把佛坛的梁、榴、柱，分别与其他国家的同类产品比较后，把产品当金条一样论价格、论成色，把产品价格谈到理想的价位后先与小商社拍板成交，使大客商有失掉货源的危机感。

面对此种情况，大客商不但更急于订货，而且还想垄断货源。最终大客商订了大批货，定货量超过厂现有生产能力的好几倍。

思考题？

大客商定货量超出厂家生产能力几倍的原因是什么？

分析提示：

慎重式开局策略是指在谈判开始时，对谈判对手提出的关键性问题不做彻底的、确切的回答，而是有所保留，从而给对手造成神秘感，以吸引对手进入谈判。

在此案例中，厂家谋略成功的关键在于其策略不是盲目的、消极的。首先产品质量确实不错，几家客商求货心切；其次在于审识度势地安排策略，先与小客商谈却不疏远大客商，而是牵制大客商，促其产生失去货源的危机感，这样才能使订货数量和价格增加。注意使用慎重式开局时要以诚信为本，向对方传递的信息可以是模糊信息，但不能是虚假信息。否则，会将自己陷于非常难堪的局面之中。

四、进攻式开局策略

进攻式开局策略（又称强硬式策略），是指通过语言或行为来表达己方强硬的姿态，从而获得谈判对手必要的尊重，并借以制造心理优势，使谈判顺利进行下去。这种进攻式开局策略只有在特殊情况下使用。例如，发现谈判对手居高临下，以某种气势压人，有某种不尊重己方的倾向，如果任其发展下去，对己方是不利的，因此要变被动为主动，不能被对方气势压倒。采取以攻为守的策略，捍卫己方的尊严和正当权益，使双方站在平等的地位上进行谈判。进攻式策略要运用得好，必须注意有理、有利、有节，不能使谈判一开始就陷入僵局。采用进攻式开局策略一定要谨慎，在谈判开局就显示自己的实力，开局时就处于剑拔弩张的气氛中，对谈判进一步发展极为不利。要切中问题要害，对事不对人，既表现出己方的自尊、自信和认真的态度，又不能过于咄咄逼人，使谈判气氛过于紧张，一旦问题表达清楚，对方也有所改观，就应及时调节一下气氛，使双方重新建立起一种友好、轻松的谈判气氛。

案例分析 ○○○→

丰田进入美国

日本丰田汽车公司刚刚进入美国市场时，急需找一家美国代理商来为其销售产品尽快打开美国市场。

当日本汽车公司准备与美国代理公司谈判时，丰田公司的谈判代表因路上堵车迟到了。美国代理公司的谈判代表抓住这件事紧紧不放，想要以此为手段获取更多的优惠条件。丰田公司的代表发现被对手逼得无路可退，就站起来说："十分抱歉耽误了你们的时间，但是这绝非我们的本意，由于我们对美国的交通状况了解不足，所以产生了今天这个不愉快的结果，我希望我们不要再为这个问题耽误宝贵的时间了，如果你们因为这件事而怀疑我们与你方合作的诚意，那么我们现在只好结束这次谈判。我相信按我们现在提供的优惠的代理条件，在美国肯定能找到其他合作伙伴。"

丰田公司代表的一席话说得美国代理商哑口无言，美国代理商也不想失去这次赚钱的机会，只是想利用此事占有谈判主动权，于是双方的谈判顺利进行了下去。

思考题 ?

日本代表为什么有必要如此回复美方？

分析提示：

进攻式开局策略指通过语言或行为来表达已方强硬的姿态，从而获得对方必要的尊重，并借以制造心理优势，使得谈判顺利地进行下去。采用进攻式开局策略一定要谨慎，在谈判开局就显示自己的实力，使开局处于剑拔弩张的气氛中，对谈判进一步发展极为不利。但如运用得当，也能收到一招制敌的效果。

第四章
正式谈判阶段——谈判摸底

实质性谈判开始后到报价之前的阶段，还有一个摸底阶段。在这个阶段，谈判双方通常会交流各自谈判的意图和想法，试探对方的需求和虚实，协商谈判的具体方式，进行谈判情况的审核与倡议，并首次对双方无争议的问题达成一致，同时评估报价和讨价还价的形势，为其做好准备。摸底阶段，虽然不能直接决定谈判的结果，但是它却关系着双方对最关键问题谈判的成效；同时，在此过程中，双方通过互相的摸底，也在不断调整自己的谈判期望与策略。

第一节　谈判摸底阶段的具体任务

谈判中对方的底价、时限、权限以及最基本的交易条件等内容，均属机密。谁掌握了对方的底牌，谁就会赢得谈判的主动权。

此阶段的关键步骤是弄清对方的真正需求，因此其主要的技巧就是多向对方提出问题，探询对方的实际需要；与此同时也要根据情况申明己方的利益所在。因为你越了解对方的真实需求，就越能够知道如何才能满足对方的需求；同时对方知道了你的利益所在，才能满足你的需求。

一、要摸清对方真实需求

商务谈判双方为了协调彼此的经济利益，需要对双方的意见进行反复的交流和磋商。因此，要使谈判获得成功，就必须研究谈判者的心理。由于受客观条件和时间等因素的制约，一般情况下，要对谈判双方的心理进行全面分析是比较困难的。以下主要研究谈判者的"需要"和个性。

（一）谈判者的"需要"

根据马斯洛的需求理论，人类的需要是分层次的，由低到高。它们是：

第一，生理上的需要。这是人们最原始、最基本的需要，如吃饭、穿衣、住宅、医疗等。若不满足，则有生命危险。这就是说，它是最强烈的不可避免的最底层需要，也是推动人们行动的强大动力。

第二，安全的需要。安全的需要即要求劳动安全、职业安全、生活稳定、希望免于灾难、希望未来有保障等。安全需要比生理需要高一级，当生理需要得到满足以后就要保障这种需要。每一个在现实中生活的人，都会产生安全感的欲望、自由的欲望、防御的欲望。

第三，社交的需要，也叫归属与爱的需要，是指个人渴望得到家庭、团体、朋友、同事的关怀、爱护和理解，是对友情、信任、温暖、爱情的需要。社交的需要比生理和安全需要更细微、更难捉摸。它与个人性格、经历、生活区域、民族、生活习惯、宗教信仰等都有关系，这种需要是难以察悟、无法度量的。

第四，尊重的需要。尊重的需要可分为自尊、他尊和权力欲三类，包括自我尊重、自我评价以及尊重别人。尊重的需要很少能够得到完全的满足，但基本上的满足就可产生推动力。

第五，自我实现的需要。这是最高等级的需要。满足这种需要就要求完成与自己能力相称的工作，最充分地发挥自己的潜在能力，成为所期望的人物。这是一种创造的需要。有自我实现需要的人，似乎在竭尽所能使自己趋于完美。自我实现意味着充分地、活跃地、忘我地、全神贯注地体验生活。

马斯洛认为，人类价值体系存在两类不同的需要，一类是沿生物谱系上升方向逐渐变弱的本能或冲动，称为低级需要和生理需要。一类是随生物进化而逐渐显现的潜能或需要，称为高级需要。人都潜藏着这五种不同层次的需要，但在不同时期表现出来的各种需要的迫切程度是不同的。人的最迫切的需要才是激励人行动的主要原因和动力。人的需要是从外部得来的满足逐渐向内在得到的满足转化。马斯洛的需要层次理论，对应分析谈判人员的需要，也具有一致性。

我们说，谈判的动力归根到底是为了满足人类的需要。经济谈判的直接目的是多种多样的，可以是销售成果及其伴随的社会影响，比如信誉等。商务谈判过程，容易让人忽视的是双方的生存需要、安全感需要、友谊需要及自我实现需要。

我们要重点关注以下三个方面的需要：

其一，想通过谈判获得一定的经济利益；

其二，想通过谈判中自己的表现来获得上司、同事或对手对自己的人格、地位、能力、学识等方面的尊重；

其三，想通过谈判所取得的成绩来体现自己的价值。

谈判人员为了满足不同的需要，在谈判中所表现出来的态度和运用的策略也会有所不同。在多数情况下，商务谈判人员往往存在着多方面的需要，只不过各种需要在其心目中所占的比重不同而已。因此，不能简单地分析谈判者具有哪些方面的需要，还要分析当时各种需要在谈判者心中的地位，即分析谈判者的需要结构。

（二）谈判者的"需要结构"

一般而言，谈判者的需要结构受他的社会地位、生活环境、文化水平、个人经历等因素的影响。研究表明，一个阅历丰富、有较高社会地位、生活环境较好、受过良好教育的人，比条件相反的人更加渴望满足较高层次的需要，如获得尊重、自我实现等。谈判前，可以通过各种途径，对谈判者的社会地位、生活环境、文化水平以及个人经历等方面的情况进行了解，并考虑它的性格、能力、气质、兴趣等方面的情况，来对谈判人员需要结构进行分析。

在具体操作中应注意以下四个方面的内容：

1. 协调双方的物质利益关系。谈判人员不可能在损害对方物质利益的前提下，让对方确信己方的谈判姿态是友好的、真诚的；只有充分照顾到对方的物质利益才能真正做到这一点。有两点常犯的错误要尽量避免：

（1）在谈判桌前诉苦、哭穷，讲述自己在物质实力方面是如何的脆弱；

（2）介绍自己的企业在物质基础上是如何薄弱。

因此，在谈判中就一定要敢于展示自己的经济实力。

谈判中最基本的需求是物质利益的追求，对此一定要有十分清楚的认识。既要防止故弄玄虚；又要防止哭穷叫苦，寄希望于别人的慷慨施舍。而应本着互惠互利的精神去协调双方的物质利益关系。

2. 注重商务谈判中的安全需要。在市场营销中普遍存在着一种"销售恐惧症"现象，这种现象也常见于商务谈判之中。这种心理对商务谈判有三点担心：

（1）对对方实践合同的诚意和能力的担心；

（2）接货方对产品质量的担心；

（3）生产和经销方对市场的担心（担心卖不出去而不敢进货或生产）。

如何消除谈判对手的戒备和疑虑成为推动谈判进程的一个十分重要的问题。最基本的做法是：多沟通、"去狡诈"。

多沟通就是要想方设法与对方接触，对于己方的方案要反复做出解释。不要以为接触一两次就可以彼此了解了，更不要以为问题解释过一两遍对方就真的弄明白了，事实完全不是这样，对于一个问题的透彻了解往往是个长期的过程。当一个人对于对方的谈判代表和议题缺乏了解的时候，他心中必然充满疑虑和戒备，而一旦实现了这种理解，疑虑和戒备也就随之消失了。就好比我们走进漆黑的地下室时，我们会不由自主地闭上眼睛，这是因为闭上双眼之后的黑暗，较之睁开眼睛后的黑暗对于我们更加熟悉，因而心里也就更加踏实些。这就是熟悉产生信任的人类心理本能。谈判中一刻也不要忘记这种本能。

"去狡诈"就是在谈判的交往活动中要表现出一些厚道来，有时甚至可以施展谋略，用一点韬光养晦之计。

洞悉人类关于安全的需求，有助于谈判人员进行自我反思：在一场谈判中，是否表现出太多疑虑与戒备了呢？虽然说害人之心不可有，防人之心不可无，但防人之心太重也会使谈判人员在谈判中显得过于保守，畏首畏尾，左顾右盼，坐失良机。

3. 注意建立良好的人际关系。谈判人员并不是只讲物质利益的"经济动物"，而是一群有感情的人。他们一样追求友情，希望在友好的气氛中合作共事。而且，许多研究表明，谈判主体地位越高、名声越大，则在谈判中对于归属的需求越迫切。因为对这些人来说，一般的衣、食、住、行和生、老、病、死都不用伤脑筋了，生理和安全的需求也都已基本得到满足，剩下来的大概就是对于孤独的厌恶和恐惧。有人通过研究发现，在企业中最感孤独的人是厂长和经理，一般的人都有属于自己的机构、团体或"圈子里的人"，只有厂长、经理始终以"角色人"的面孔出现。有的人觉得他们高不可攀，同他们讨论问题很拘谨，而实际情况可能正好相反，尽管这些人表面上不苟言笑、一副威严的样子，但内心可能十分渴望听到几句"自己人的话"。因此，同这些人打交道、谈生意并不一定是件困难的事情。常听与名人显贵交往过的人讲起，这些人是如何"平易近人""和蔼可亲"，这里面除了个人修养之外，也还有个心理需求的问题，因为这满足了他们渴望得到归属的需求。这就要求谈判人员要注意在谈判过程中应本着友好合作的态度，利用各种机会建立和发展双方的友情。比如：为对方举行宴会，邀请对方参加联欢活动，赠送礼品，回顾双方的愉快合作等。如果彼此之间建立起友情，相互信任感就会大大增强，让步和达成协议的可能性就会提高。

4. 注意尊重谈判对手。在与谈判对手交往中，要处处注意对对方的地位、人格、学识、宗教信仰等表示尊重。例如：认真倾听对方的发言，适时地对对方所做的努力和工作成果表示赞赏。这是一种最高层次的尊重，也是对人的高层需求的一种满足。谈判人员和常人一样，都希望自己的工作富有成果，能得到别人的认可。在谈判中，适时地对对方的学识、见解表示佩服，对其主观上所做的努力和过人的能力表示赞赏，能使对方心理上产生满足感和自豪感。尽管许多人都知道良药苦口利于病，忠言逆耳利于行，在现实谈判活动中，人们还是更喜欢听到赞美、颂扬，而不喜欢听到坦率的批评，尤其是不能容别人当众揭自己的短处。

一般而言，尊重可以体现为两个方面：

一是言语上的赞美之词；

二是态度上的低姿态，但只要谦虚不要丧失自尊。

在保证自己获利的同时设法给对方以满足，可以提高对方对己方让步项目的评价，降低对方对己方不能让步项目的评价。多数情况下，谈判者的各种需要很难得到全部满足。在适当的时候，谈判人员要注意对谈判对手的某些需要进行诱导，比如：多强调导致某种情况的客观因素，或改变其对某些需要的重要性的认识等，使对手心理上得到平衡。

（三）谈判者的个性

不同的人具有不同的性格，称之为个性。谈判中对谈判者个性的分析，主要是分析其性格是内向还是外向，处事容易冲动还是从容不迫，决策是当机立断还是小心谨慎，行为是积极主动还是消极被动等。谈判人员平时对自己的个性都有所认识，在谈判中要注意克服自己个性中的缺点，比如性格急躁，容易受对方情绪影响等；同时，还要通过观察、交谈、调查了解等方法，来掌握谈判对手的个性特征，以便针对不同的谈判对手，选择不同的谈判策略和技巧，实现己方的谈判意图。

若一个谈判对手是个性格外向、办事喜欢雷厉风行的人，己方应注意在谈判中让其充分发表意见，并对双方达成的一致意见及时加以确认，同时将己方的意见通过适当的方式及时地表达出来，以免因为犹豫不决而招致对方的反感，错失交易良机。

若对手是一个性格内向，决策犹豫不决的人，则要注意把握谈判节奏，一方面可通过谈判议程的安排等保证谈判的进程；另一方面又应注意不急于求成，保持冷静和耐心，设法了解对方的想法和疑虑，并加以解释和回应，才能促使对方下定交易的决心。

二、摸清对方的谈判底线

谈判的模式有很多,但无论哪种谈判模式,谈判双方都希望能了解对方的底线。其实质是运用情报策略取得谈判胜利。

(一) 如何在谈判中了解对方的底线

谈判者要想在谈判中了解对方的底线,可采用以下三个方法:

方法一:谁先出牌。在谈判中,谁先出牌,那么出牌的条件就可能为底线提供一个参考。

方法二:推一推。在谈判中,往往存在讨价还价的情况,不管是谁先出牌,对方一定会还价或者提价。适当推一推,会有预期中的结果。要研究该怎样推,推的结果如何。

方法三:听懂话中话。说话是生产力,听话也是生产力。中国人的话中话,中国人说话中的余地,往往是一个初入职场者无法了解的,往往是经过多次谈判的职场老手才能够体会得到的。

谈判是一个前后相连的过程,不修炼一段时间,无法真正了解谈判的来龙去脉,也就无法了解对方的底线。

请看以下三个情境:

1. A:厂家;B:王经理,负责卖场招商。

A:您好,王经理,我认为您这个靠门位置的租金定为每平方米200元比较合适。

B:两百元?我们可以考虑一下。

(提示:在这里,我们知道,200元是对方可以接受的租金,底线肯定在200元以下。)

B:冯先生,您好,如果您想租靠门的这个位置,租金每平方米300元;

A:300元,太高了吧。

B:这个没办法,我们总部规定好了。

提示:这个时候怎么办?可以了解对方总部是否有如此规定,如果有的话,那么租金300元就是靠近底线了。

2. A:您好,王经理,我认为您这个靠门位置的租金定为每平方米200元比较合适。

B:两百元?开玩笑,我们上一年这个位置就是300元。

A:王经理,您也知道,今年工厂效益也不好,消费者的购买力削减,维持去年的价格是很困难的。

B：这个我们也考虑过，总部也推出了相应的优惠政策，今年这个位置打九折，第二年升回原价。

A：王经理，你们公司能够与我们同舟共济，非常感谢。但是，您打九折，只是减少了30元，对面那一家卖场靠门位置去年与你们相同今年已降至200元，一下子就减少了100元。

B：真的？我再向领导去汇报一下。

提示：OK，推到这里，想一下，对方的底线是多少？就是在200元了，这个就是在谈判中的"推一推"，如果你不推的话，对方维持开牌价，你岂不是做了"冤大头"。

3. 老鸟：小刘，走啦，今天谈完了。

菜鸟：谈完了，怎么好像什么都没有谈啊。

老鸟：你回去以后把合同写写，按照10%返点。

菜鸟：10%，对方没有答应啊。

老鸟：没有答应，你写完，寄出去就行了，没问题的。

没过几天，菜鸟小刘还真收到了卖场寄回的合同盖章件，明明对方没有答应，怎么一写到合同里面就答应了呢？

提示：这就是一个菜鸟与老鸟之间的区别，老鸟能够"嗅"到对方的话中话，能够体会到对方说话的意思，而菜鸟由于经验与意识的不足，对此深深怀疑。

其实谈判中，了解对方底线并不像这里所描述的如此轻松，出牌，推一推，听听话中话，合同搞定。许多时候都是前期有艰苦的资料收集，后期有频繁的工作联络。没有说谈判中轻而易举就能把合同拿下的。

案例分析 ❁❁❁⇨

制造虚假情报，声东击西

某工厂要从日本A公司引进某生产线，在引进过程中双方进行谈判。在谈判开始之后，日本公司坚持要按过去卖给某厂的价格来定价，坚决不让步，谈判进入僵局。我方为了占据主动地位，开始与日本B公司频频接触，洽谈相同的项目，并有意将此情报透露出去，同时通过有关人员向A公司传递价格信息，A公司信以为真，不愿失去这笔生意，很快接受了我方提出的价格，这个价格比过去其他厂商引进的价格低26%。

案例评点：

在一条路走不通的时候，往往应该去探索另一条路。在本例中，我方运用传播假情报的方法，获取了主动权，取得了胜利。

案例分析 ◦◦◦⟿

掌握情报，后发制人

在某次交易会上，我方外贸部门与一客商洽谈出口业务。在第一轮谈判中，客商采取各种招数来摸我们的底，罗列过时行情，故意压低购货的数量。我方立即中止谈判，搜集相关的情报，了解到日本一家同类厂商发生了重大事故停产，以及了解到该产品可能有新用途。在仔细分析了这些情报以后，谈判继续开始。我方根据掌握的情报后发制人，告诉对方：我方的货源不多；产品的需求很大；日本厂商不能供货。对方立刻意识到我方对这场交易背景的了解程度，甘拜下风。在经过一些细节的交涉之后，乖乖就范，接受了我方的价格，购买了大量该产品。

案例点评：

以上案例可以看出，在商业谈判中，口才固然重要，但是最本质、最核心的是对谈判的把握，而这种把握常常是建立在对谈判背景的把握上的。

（二）如何设定己方谈判底线

基本原则是：设定不同级别的限度；为对方拟定相似的清单；达到底线前让对方知道。

所谓谈判，首先就是谈、沟通，然后才能做出判断。在谈判中对方的要求有些是可以拒绝的，而有的内容可以酌情考虑，做出一定的让步，以便使谈判得以进行，顺利达到各自的目的。这就需要我们在谈判之前设定好自己的谈判底线，并加固自己的防线，同时也应当拟定对方的底线。当谈判逐步逼近己方底线时，一定要让对方知道自己已经快到底线了。达到底线前必须让对方知道。

在设定底线的时候，建议谈判者事先做一些假想的练习，找一些人作为自己的谈判对手进行演练，设想谈判中可能遇到的情景、麻烦，这种假想练习的效果往往是惊人的，因为在进行正式谈判之前开始练兵，在谈判中就会心中有数，使主动权牢牢掌握在自己手中。

同时，自己的底线不能随便更改，没有经验的谈判者，由于怕谈判对手说"不"，主动更改自己的条件，结果输掉了谈判。因此，一定要坚守底线。此外要注意的是，期望与所得是相关的，期望越多，所得也就越多。不要轻易更改自己的底线。

三、摸清谈判人员权限

（一）谈判人员的权力

1. 谈判人员的法律权力和事实权力。

2. 获得一定的奖赏能力，这包括实际的奖励，如奖金、晋升和其他报酬。其他奖赏也应该是实实在在的。如赞美的语言、表扬、重视或在项目团队中对个人的行为进行书面表彰。

3. 消极的奖励如惩罚形式：延迟向供应商付款、取消分包商资格或由于某种原因建议开除项目团队成员。进行消极奖励时，应注意到它的负面作用。

（二）谈判双方权限

1. 谈判一方应考虑另一方的权限，它可能和你的权限一样大甚至比你的权限大。

2. 权限的使用揭示了该用户对风险和成本的态度。

3. 权限的作用和竞争方的实际权限一样有效。

4. 行使权限应考虑另一方已经看见的期望值。

5. 开始进行谈判时，谈判人员应记住他们的目的、目标和计划策略。

6. 进行谈判时，要准备好多种方案和让步策略。

7. 做决定的有效性和效率能增强谈判者的权限。

（三）文化差异对谈判决策权限大小的影响

一个总体原则是，不要和权限小的人谈判，尤其是不要和没有权限的人谈判，应该和拥有相当决策权的人或能够积极影响有关决策的人员谈判。

1. 谈判者的决策权限及其对谈判的影响力取决于文化中的意识形态、政治制度、法律制度和社会规范等。比如在以前的计划经济体制下，党委书记对企业的经营往往拥有决策权，而在实行党委领导下的厂长（经理）负责制后，党委书记的主要职责是负责政治思想工作，企业的经营决策权转移到厂长（经理）手中了，所以在这种情况下，业务谈判应找对方的厂长经理而非党委书记。

2. 文化中的等级主义文化和平均主义文化，对于谈判者的权力构造方式及其对谈判决策权限分配的影响，也是不能忽视的。等级主义文化强调不同的社会地位，社会地位隐含着权力。

等级主义文化决定了基于不同地位的谈判影响力。同时，等级主义文化中的谈判者，不主张在谈判中直接对峙，不愿意挑战地位更高的谈判者，因此，在谈判发生冲突时，更有可能会由一个地位更高的人来斡旋。这种由谈判双方的上级处理冲突的策略，通常又称谈判升格。在平均主义文化中，谈判者的权力是有限的、暂时的，但是在这种文化中，谈判者可以利用有限的、暂时的权力灵活调整谈判方案。

四、摸清对方最后期限

谈判的期限一般包括这些内容：谈判在何时、何地进行，为期多长；倘若是系列谈判，分几次进行，每次时间大约是多少等。

(一) 谈判期限注意事项

谈判前，双方都会调查对方的谈判期限，对此要注意以下几个问题：

1. 对方可能会千方百计地保守谈判期限的秘密。

2. 在谈判时，要通过察言观色，抓住对方流露出来的情绪，摸清期限。

3. 在谈判中，谨防对方有意提供假情报。

4. 己方谈判期限要有弹性，可以由此避开对方利用谈判期限对自己的进攻。

5. 在对方的期限压力面前提出对策。

(二) 谈判期限规定

在谈判开始以前，应当对谈判的期限有所计划和安排。由于谈判的效率问题是评价现代谈判成功与否的一个重要标准，而谈判的期限直接涉及谈判的效率，因此，谈判方案的制订应将谈判期限的规定包括进去。摸底阶段力求弄清对方谈判期限。

谈判期限的规定，可长可短，但要具体、明确，同时又要有伸缩性，能够适应谈判过程中的情况变化。如某公司对谈判期限做了如下安排：此报价的有效期为 1 个月。延长有效期的费用，第一个月增加 1%，以后每个月增加 1.5%。如果超过了 3 个月，就应重新报价。因为交货等许多交易条件都有可能发生变化，此谈判的最长宽限期应在 2 个月以内。这是一个较为简明、灵活又能保证卖方总体目标不受影响的时间方案。

(三) 谈判期限策略

明确某一谈判的结束时间是很有必要的，这样做可以使谈判双方充分利用时间，在不违背互利互惠原则的前提下，灵活地解决争议问题，适时做出一些让步，使谈判圆满结束。运用该策略时应注意两点：

1. 提出的时间要恰当，如果过早地提出最后期限，会给双方或一方造成时间上的压力，产生消极的影响。

2. 提出的方法要委婉，强硬提出最后期限，会引起对方不满，使谈判向不利于自己的方向发展。

五、基本交易条件

（一）提出交易条件的方式

在商务谈判中，可以由己方主动向对方提出交易条件，也可以由对方首先提出交易条件，不管是哪种情况，提出交易条件的具体方式不外乎有以下三种：

1. 提出书面的交易条件。这种方式是指以书面的交易条件为唯一的标准，而不再进行口头谈判，也不做任何口头补充。这种方式通常是严格的谈判条件下把书面交易条件作为最初也是最终的交易方案的情况下采用的。因此，在采用这种方式时应注意，如果是由己方先提出交易条件，各项交易条件必须写得完整、明确无误，让对方一目了然，只需要"是"或"不是"的简单回答即可，无须进一步解释。如果是己方对谈判对方提出的交易条件的还盘，还盘的交易条件也必须是终局的，要求对方无保留地接受。

由此可见，把交易条件以书面的形式提交给对方的做法，有利有弊。利在于交易条件的内容完整，而且能够将复杂的内容用详细的文字表达出来，对方一旦得到了这个文字材料，就可以一读再读，直到全部理解为止。弊则在于它是己方言行的永久记录，而且要求详细解释自己的立场和观点，这样，义务感、约束感很强，会给谈判取得成果带来一定的困难，并且这种方式缺乏一定的"热情"和感染力。

2. 先提出书面交易条件，然后通过口头谈判补充。这种方式是指在口头谈判前，先向对方提供书面交易条件。这种方式的优点在于：能使对方仔细考虑己方所提出的要点，特别是那些对方可能还不清楚的条款，能事先做好说明；如果提出的建议较复杂，事先用书面方式递交可以使对方有时间进一步研究，在必要时去请教有关专家；书面形式还有利于把己方愿意承担的义务表达得更清楚。由于事先就将问题解释清楚，并给对方以充足的时间来准备谈判计划、策略，己方就有更多的机会，使许多问题在面对面谈判时得到解决，谈判的时间也会比其他方式要短。可见这种方式比较适合双方交易条件差距较小的谈判。当然，这种方式也存在着一定的缺点，除前面所谈的书面交易条件的缺点外，就是使对方掌握了更多的己方准备履行的义务，从而使对方更好地制定他们的谈判对策。

3. 在面对面的谈判中提出口头交易条件。这种方式是指不提交任何书面形式的文件，仅仅在双方会晤时，口头提出交易条件。这种方式的优点是：具有很大的灵活性，可根据谈判的具体情况来调整自己的谈判战术和条件；可以通过口头谈判，先摸对方的底，然后才决定承担何种义务；可以利用感性因素来强调、解释自己的交易条件，增强说服力，并创造良好的谈判气氛。但是，这种方式也有如下缺点：容易受到对方的反击，动摇谈判者的意志和坚定性；很容易使谈判者失去议题的头绪而转向枝节问题；一些复杂的要点，如统计数字、计划图表的阐述较困难；谈判开局阶段时间较长，影响谈判效率。

（二）对不同接受程度下的交易条件的对策

1. 交易条件已被双方所接受。这是谈判中最希望出现，也是最简单的情况。在这种情况下，己方往往会立即把谈判的开局直接转入签约阶段，以减少不必要的讨价还价的机会。这也适用于谈判双方分歧非常细小的情况。

当然，在这种情况下，谈判双方应避免急于求成，尤其以下方式是不可取的：

（1）如果己方想尽快成交，对于对方的还盘又提出了比自己原来发盘更优惠的条件。这样做容易引起对方进一步提出优惠条件，从而延长谈判时间。

（2）如果让对方知道自己急于求成，对方可能会产生某种疑虑和戒心。

（3）己方撤回原先的交易条件，提出更苛刻的条件。这无疑会引起对方的不满，进而提出更为苛刻的条件，危及谈判的顺利进行。

总之，即使交易条件已经显而易见地可以为双方接受，但仍然安排一定时间，按照一定的程序，让谈判完整、圆满地进行到底，直至签订合同为止。

2. 交易条件大部分双方可以接受，但还需进一步的磋商。应当说，在实际的谈判中，双方在实质性问题上有分歧是正常的，但是在分歧的程度上又不是一成不变的。这取决于双方如何坚持交易条件或做出一定的让步。一般来说，对于每一个交易条件，是否应该坚持，坚持的程度如何，应主要考虑两个因素：一是谈判者应该权衡因对方的要求而做出让步所付出的代价，与不做让步所受影响之间的利害关系与后果；二是应该考虑对方对获得我方让步的重视程度，以及对方对获得这项让步的成功估计。具体地说，谈判者应对如下情况有所估量：

（1）如果己方不坚持这一条件而给予让步的话，目前以及将来会遭受什么损失？

（2）如果做出让步，遭受损失的概率如何？

（3）如果坚持自己的条件，导致谈判失败的损失如何？

（4）对己方来说，不做这项让步具有什么价值？

如果明确了上述情况，就可以通过下面的公式来确定是坚持还是让步：

让步的预期价值＝不让步的交易价值－让步而受的损失×遭受损失的可能性

不让步的预期价值＝交易未成的损失×不让步而交易未成的可能性＋不让步的交易价值×不让步而达成交易的可能性

下面以一个具体的例子加以说明。

甲公司与乙公司正在进行一个出口成套设备到某个国家的交易谈判。甲公司为出口方，成套设备的安装由乙公司负责。甲公司的担保条款为：设备的材料、工艺或规格有问题，甲方负责赔偿。甲公司还明确，除以到岸价格提供零配部件外，对其他问题一概不负责任。乙公司对甲公司的这一担保条款原则上是同意的。但乙方提出，甲方的担保条款还应包括负责赔偿由于引进的设备发生故障的重新拆装的人工费和停产期间的工厂损失。

根据乙公司提出的这一要求，甲公司对有关因素进行了逐一考虑，其数据为：①由于任何一次故障所耗的人工费用为 1 000 美元；②由于停工检修所造成的损失为 10 000 美元；③在担保期内，可预见的出现故障的最大可能次数为 3 次；④出现三次故障的可能性估计为 70%；⑤达成交易可以取得的效益为 50 000 美元；⑥做不成交易的损失为 20 000 美元；⑦如果本公司不同意赔偿人工费用而使交易落空的可能性为 80%；⑧如果本公司不同意赔偿停工损失而使交易落空的可能性为 20%。

那么，对于甲公司来说，是让步，还是不让步？如何让步？是同意包括赔偿机器检修的人工费用，还是同意赔偿由此引起的一切损失？下面可以用上述公式来计算（单位：美元）：

第一，如果甲公司的担保条款包括赔偿人工费用：

让步的预期价值＝50 000－（1 000×3×0.7）＝47 900

不让步的预期价值＝－20 000×0.8＋50 000×0.2＝6 000

从这个计算结果可以看出，甲公司是愿意在这方面做些让步的。当然，在甲公司让步的同时，乙方也要做出一定的让步。

第二，如果甲公司的担保条件包括赔偿由此引起的一切损失：

让步的预期价值 = 50 000 − （1 000 × 3 × 0.7） + 10 000 × 3 × 0.7 = 26 900

不让步的预期价值 = （−20 000 × 0.2） + （47 900 × 0.8） = 34 320

从这个计算结果可以看出，甲公司应该坚决反对乙公司提出的要求甲公司在担保期内承担因设备故障引起的一切损失的条款，即不让步。

3. 经过开局谈判，无法预见达成交易的可能性。在谈判开局时，一方提出交易条件，似乎无法达成协议，这时，谈判者就应考虑以下措施：

（1）中止谈判，撤回自己的交易条件。只有当谈判者十分清楚，对方不愿放弃谈判，或者采取这一方式是唯一能使对方改变想法的方式，或者双方意见分歧十分巨大，不可调和时，才可以采取这种措施。

（2）继续谈判，但要修正原先所定的交易条件。如果经过开局谈判，发现如按领导制定的交易条件根本无法成交，而这笔交易又必须或应该达成，在这种情况下，谈判者在与自己的上级联系并征得同意后，可以采取这种方法。

（3）继续谈判，但要设法使对方修正其交易条件。采取这种方法，可考虑这些措施：①坚持自己立场的时间越长越好；②努力使对方相信，如果己方同意让步的话，将会吃很大的亏；③争取对方谈判成员理解己方的处境和困难，促使双方向各自上级要求放松权限；④说服对方，并使他们相信，如果满足其要求，他们得到的利益将会比他们所期望的要少。

第二节　摸底阶段的谈判技巧

为赢得谈判的主动，在谈判初期，双方都会围绕摸底内容施展各自的谈判技巧。

一、提出条件的技巧

提出交易条件的方式是多种多样的，而且它们各有利弊。作为一名有经验的谈判人员，应当根据谈判内容的具体情况来选择不同的方式。同样，也应当根据不同情况来对待不同的方式。谈判的开局阶段，在提出交易条件的不同方式下，谈判者应该采取的谈判技巧和不应该采取的态度如下。

1. 对方提出书面交易条件时己方的做法（见表 4 − 1）。

表 4 - 1　对方提出书面交易条件时己方的做法

应　该	不应该
1. 对每一个条件都认真查问，并请对方说明为什么要这样做	1. 不追究对方这样做的理由，这往往容易让对方接过话头，顺水推舟，使己方陷入被动
2. 表现出一副一无所知的样子，让对方自己证明其意见的正确性	2. 表现出聪明过人的样子，把那些应该由对方回答的问题拿来由自己回答，以炫耀自己的学识
3. 记下对方的回答，并保留自己的意见	3. 马上就同意对方的要求
4. 务必要把每一个要点都搞清楚，即使需要再三询问也不要紧。这一条对使用不同语言的谈判者尤为重要	4. 一听见那些似乎对本企业有利的交易条件或者某个解释，就马上同意
5. 极力试探出对方对每一项交易条件所持的坚定性究竟如何，以便在以后的磋商中可以有的放矢地进行讨价还价	5. 盲目地对任何一个交易条件都进行讨价还价，而事实上有些条件对方是不肯让步的
6. 注意本合同与其他合同之间的内在联系，如果这个合同能够取得一定的成功，是否对将来其他合同有所影响	6. 目光仅仅盯住眼前利益或只注意目前所谈的合同内容
7. 表现出极为冷静与泰然自若的态度	7. 对于对方的言行，一会儿表现极为愤怒，一会儿惊奇不已，一会儿又高兴得意忘形
8. 随时注意纠正对方的某些概念性错误	8. 只是在对己方不利的情况下来纠正对方的错误

2. 由己方提出书面交易条件时己方的做法（见表 4 - 2）。

表 4 - 2　由己方提出书面交易条件时己方的做法

应　该	不应该
1. 尽量不要多回答对方提出的问题，让对方多发言 2. 试探出对方反对意见的坚定性如何。如本企业不做任何相应的让步，对方是否同意撤回其反对意见等 3. 注意本合同与其他合同之间的内在联系。如果这个合同能够取得一定的成功，是否对将来其他合同有所影响	1. 详尽地说明自己的动机 2. 在全部交易条件还没有磋商完毕时，就先做出让步或妥协

3. 双方都没有提交过书面形式的文件时双方谈判人员的做法（见表 4 - 3）。

表 4 - 3　双方都未提交书面文件时双方谈判人员的做法

应　该	不应该
1. 在会谈时，明确所要谈的内容 2. 把每一个问题都谈深、谈透，以便彼此明确各自的立场 3. 尽量使谈判留有充分的磋商余地 4. 按表 4 - 1 的第 6、7、8 点去做	1. 让会谈漫无边际地东拉西扯 2. 把精力集中在一个问题上，而忽视了其他问题 3. 立即就把自己置于明确地承担责任的地位

二、摸底探测技巧

(一) 迂回询问法

所谓迂回询问法，是指通过迂回，使对方松懈，然后乘其不备，巧妙探得对方的底牌。

这种方法一般不用在谈判桌上，而是在谈判桌以外的地方。在主客场谈判中，东道主往往利用自己在主场的优势，实施这种技巧。客方来了，就极力表现出自己的热情好客，除了将对方的生活作周到的安排外，还盛情地邀请客人参观本地的山水风光，领略风土人情、民俗文化，降低对方的防范心理。当客人感到十分惬意之时，就可以提出帮忙订购返程机票或车船票，比如问对方："您到某地出差，希望什么时候回去，我来帮你定返程的机票或者火车票。"对方可能无意之中就透露了他们的返程时间，那么己方至少知道了一个底牌，也就是对方要在什么时间回去，在回去之前，肯定会跟己方的谈判有一个结果。

(二) 火力侦察法

比如，甲买乙卖，甲向乙提出了几种不同的交易品种，并询问这些品种各自的价格。乙一时搞不清楚对方的真实意图，甲这样问，既像是打听行情，又像是在谈交易条件；既像是个大买主，又不敢肯定。面对甲的期待，乙心里很矛盾，如果据实回答，万一对方果真是来摸自己底的，那自己岂不被动？但是自己如果敷衍应付，有可能会错过一笔好的买卖，说不定对方还可能是位可以长期合作的伙伴呢。

在情急之中，乙想：我何不探探对方的虚实呢？于是，他急中生智地说："我们的产品是货真价实，就怕你一味贪图便宜。"我们知道，商界中奉行着这样的准则："一分钱一分货""便宜无好货"。乙的回答，暗含着对甲的挑衅意味。除此而外，这个回答的妙处还在于，只要甲一接话，乙就会很容易地把握甲的实力情况，如果甲在乎货的质量，就不怕出高价，回答时的口气也就大；如果甲在乎货源的紧俏，就急于成交，口气也就显得较为迫切。在此基础上，乙就会很容易确定出自己的方案和策略了。

(三) 聚焦深入法

所谓聚焦深入法，是指先就某方面的问题做扫描式的提问，在探知对方的隐情所在之后，再深入，从而把握问题的症结所在。

比如，有一笔交易甲卖乙买，双方谈得比较满意，但乙迟迟不肯签约，甲很不解，于是采取聚焦深入法。

首先，甲再次证实了乙有购买意图。

其次，在此基础上，甲对乙逐项探问，包括对甲的信誉，对甲本人的信任，对甲的产品质量、包装装潢、交货期及适销期等的询问。乙的回答表明甲所提出的上述方面都不存在问题。

最后，甲探问到货款支付，乙表示目前贷款利率较高。

至此，甲掌握了乙不能签约的症结所在，再次深入聚焦。甲从当前市场的销售形势分析，指出乙按照目前的进价成本购货，在市场销售后，去除贷款利率，仍有较大利润。甲的分析得到了乙的认同，但乙还是担心销售期太长，利息负担可能过重，将影响最终利润。甲又从风险大小方面进行分析，解除了乙的顾虑，最终促成了签约。

（四）示错印证法

所谓示错印证法，是指在谈判时，一方有意通过犯一些错误，比如念错字、用错词语，或把价格报错等种种示错的方法，诱导对方表态，然后再借题发挥，最后达到目的。

比如，在某时装区，当某一位顾客在摊前驻足，并对某件商品多看上几眼时，早已将这一切看在眼里的摊主就会前来搭话说："看得出你是诚心来买的，这件衣服很合你的意，是不是？"

察觉到顾客无任何反对意见时，他又会继续说："这衣服标价150元，对你优惠，120元，要不要？"

如果对方没有表态，他可能又说："你今天身上带的钱可能不多，我也想开个张，打本卖给你，100元，怎么样？"顾客此时会有些犹豫。

摊主又会接着说："好啦，你不要对别人说，我就以120元卖给你。"

早已留心的顾客往往会迫不及待地说："你刚才不是说卖100元吗？怎么又涨了？"

此时，摊主通常会煞有介事地说："是吗？我刚才说了这个价吗？啊，这个价我可没什么赚啦。"稍做停顿，又说，"好吧，就算是我错了，那我也讲个信用，除了你以外，不会再有这个价了，你也不要告诉别人，100元，你拿去好了！"

话说到此，绝大多数顾客都会成交。

这里，摊主假装口误将价涨了上去，诱使顾客做出反应，巧妙地探测并验证了顾客的购买需求，收到了引蛇出洞的效果。在此之后，摊主再将涨上来的价让出去，就会很容易地促成交易了。

第五章
正式谈判阶段——谈判磋商

磋商阶段是指一方报价以后至成交之前的阶段，是整个谈判的核心阶段，也是谈判中最艰难的阶段，是谈判策略与技巧运用的集中体现，直接决定着谈判的结果。它包括了报价、讨价、还价、要求、抗争、异议处理、压力与反压力、僵局处理、让步等诸多活动和任务。磋商阶段与摸底阶段往往不是截然分开的，而是相互交织在一起。双方如果在价格问题上暂时谈不拢，又会回到其他问题上继续洽谈，再次进行摸底，直至最后攻克价格这个堡垒。

第一节　了解磋商

一、磋商的含义

磋商是指双方或者多方在原则问题一致的基础上，彼此之间的利益存在着较大的分歧，举行会议进行协商，以求得彼此都能够接受的谈判过程。比如"朝核六方会谈"就是最典型的例子，"实现朝鲜半岛无核化"的大原则一致，具体如何实施存在着分歧、争端。那么，大家就坐下来协商、谈判，一次不行就两次，两次不行就三次……总之不能动武。这就是"磋商"。

二、磋商的方式

磋商即实质性谈判，商务谈判磋商方式有以下三种：

（一）书面磋商

书面磋商是指通过进行磋商，寻求达成交易的书面谈判方式。书面磋商是远距离、不见面的、用文字表达的磋商，借助于电传、邮件、传真等途径交换信息，也称函电谈判，在国际贸易的商务谈判中使用最普遍、最频繁，但在国内贸易的商务谈判中则较少使用。

1. 书面磋商具有以下优点：

（1）书面磋商的电传、传真是现代化通信手段，如同电话一样具有方便、及时、快速的特点，即使是用函件的往来，也是简便易行的。而且，在书面磋商方式中，来往的电传、信函都是书面形式，绝不会出现电话中的错听、误解等现象。来往函电做到了白纸黑字，准确无误。

（2）有利于谈判决策。书面磋商方式所提供的谈判内容都是书面文字，既不像面对面谈判方式那样必须当面决策，有较充裕的时间思考，又便于谈判双方各自台前、台后人员进行充分的讨论和分析，甚至可以在必要时向有关专家咨询、请教，从而有利于慎重决策。

（3）材料齐全、有据可查。书面磋商方式可以充分利用文字、图表来表达，使谈判内容较之电话谈判方式更全面、丰富。而且，谈判双方经过了反复多次的函电磋商，这些来往的函电就是今后达成交易、签订合同的原始凭证，有根有据，便于存查，具有一定的法律效力。

（4）省时、低成本。由于函电谈判方式是借助于邮政、电信手段来实现远距离谈判，使谈判人员无须四处奔波，一来省时，二来省去了差旅费等。因此，书面磋商方式的费用开支要比面对面谈判方式少。

（5）精力集中，成交理性。书面磋商以函电谈判方式，谈判人员是不见面的。双方谈判代表可以不考虑谈判对手的身份、地位、个性等，从而把主要的精力集中到交易条件的磋商上，成交较为理性。

2. 书面磋商的缺点。书面磋商的缺点有以下三点：

（1）书面磋商方式用书面文字沟通，有可能出现词不达意的情况，使谈判对方耗时揣摩。如果因此造成谈判双方各有不同解释，就会引起争议和纠纷。

（2）谈判双方代表不见面，就无法通过观察对方的语态、表情、情绪以及习惯动作等来判断对方的心理活动，从而难以运用语言与非语言技巧。

（3）谈判双方缺少了面对面的接触，讨论问题往往不够深入细致，彼此印象、情感不深。

（二）电话磋商

电话磋商是借助电话通信进行沟通信息、协商，寻求达成交易的一种谈判方式。它是一种间接的、口头的谈判方式。

1. 电话磋商的优点。电话磋商的优点有以下两点：

（1）主要优势是快速、方便、联系广泛。特别是在经济迅速发展的社会，时间就是金钱，效率就是效益，在经济洽谈、商务营销中，方便、快速更有决定意义。

（2）电话铃声具有极大的、几乎是不可抗拒的吸引力。无论是由于责任心、好奇心，或者其他的心理和原因，人们几乎无法抵挡电话铃声的诱惑。它会使人本能地去猜测："是谁来的电话？"运用电话谈判，用电话铃声来呼唤谈判对手，要比客气地约请、上司指示甚至命令还要灵验。无论对方多么繁忙，在干着什么要紧的工作，只要听到电话铃响，都得停下一切其他事情来接听电话。在电话谈判中，电话的这些优势被谈判双方所利用，来实现各自的谈判目标。

2. 电话磋商的缺点。电话磋商有以下缺点：

（1）误解较多。由于电话没有视觉反馈，不仅看不到对方的面部表情，更看不出对方的行为暗示；另外，对语音、声调的理解也往往有误，加之一些容易混淆不清的字、词，所以听懂并非易事，听错也不罕见。这是电话谈判要比面对面谈判更容易产生误解的原因。

（2）易被拒绝。电话谈判，对方看不到我们，"不"字更容易出口。例如一方拨了另一方的电话号码，很有礼貌地说："如果你不介意的话，我想请你做这件事……"另一方可以很干脆地回答："不行，现在我忙得很，多谢你打电话来。"

（3）某些事项容易被遗漏。在双方交谈中，各自理解的重点和兴趣点不会完全一致，说和听都会带有选择性。而运用电话谈判方式时，多数情况下是一次性叙谈，很少有重复，所以，谈判者有意无意地将某些事项遗漏是在所难免的。

（4）有风险。在电话中无法验证对方的各类文件、证据的真伪，有可能上当受骗，因此要冒一定的风险。

（5）时间紧。电话谈判较其他谈判方式而言，时间有限，谈判者缺乏深入思考的时间，尤其是受话者一方，往往是在毫无准备的状态下仓促面对某一话题，甚至进行某一项决策，因此容易出现失误。

（三）面对面磋商

面对面磋商即面对面谈判，顾名思义就是谈判双方（或多方）直接地、面对面地就谈判内容进行沟通、磋商和洽谈。日常生活中，大到每日电视、广播和报纸报道的国际国内各类谈判，小到推销员上门推销、售货员向顾客介绍商品，顾客与小商贩的讨价还价等，这些都属于面对面谈判。

同时，无论谈判各方围坐在谈判桌旁，还是随便坐在一起，或是站在柜台两旁，甚至边走边谈，只要是面对面谈判，谈判各方总是可以直接对话，不仅是语言的直接交流，而且各方均能直接观察对方的仪表、手势、表情和态度，正是这些构成了面对面谈判独特的优势。

不仅如此，由于面对面谈判是人与人之间所做的直接的沟通、磋商和洽谈，受人的个性、需要、动机和直觉的影响最大，所以商务谈判所研究的谈判策略、技巧、心理、礼仪、人员管理等，都是以面对面谈判方式为背景而展开讨论的。而且，由于面对面谈判方式是商务谈判的最主要方式，因而也是本书研究的重点。

尽管面对面谈判方式是最古老、最广泛、最经常使用的谈判方式，具有较多的优点，但是面对面谈判方式的缺点也是存在的，所以，商务谈判方式的选择应以充分发挥面对面谈判方式的优势为原则。一般地，在下列情况下运用面对面谈判方式较为适宜：①比较正规的谈判；②比较重要的谈判；③比较大型的谈判；④谈判各方相距较近；⑤谈判各方认为面对面谈判效果较好、方式较佳，及本次谈判最为适宜时。

1. 面对面谈判的优点。一般地讲，凡是正规的谈判、重要的谈判、高规格的谈判，都以面对面的谈判方式进行。这主要是因为面对面谈判方式具有以下优点：

（1）谈判具有较大的灵活性。在举行正式的商务谈判前，谈判双方都能够广泛地了解市场动态，开展多方面的市场调研，全面深入地了解对方的资金、信誉、谈判作风等情况，制订出详细、切实可行的谈判方案；在商务谈判桌上，则可以利用直接面谈的机会，甚至利用私下接触，进一步了解谈判对手的需要、动机、策略，以及主谈人的个性等，结合谈判过程中出现的具体情况，及时、灵活地调整谈判计划和谈判策略、技巧。

（2）谈判的方式比较规范。商务谈判各方在谈判桌前就座，就形成了正规谈判的气氛，使每个参加谈判的人产生一种开始正式谈判的心境，很快进入谈判角色。而且，面对面谈判又都是按照开局—讨价还价—达成协议的谈判过程进行的。所以它属于比较规范的谈判方式。

（3）谈判的内容比较深入细致。面对面的谈判方式，便于谈判各方就某些关键问题或难点进行反复沟通，就谈判协议的具体条款进行反复磋商、洽谈，从而使谈判的内容更加深入、细致，谈判的目标更容易达成。

（4）有利于建立长久的贸易伙伴关系。由于面对面谈判方式是由双方或多方直接接触进行的，彼此面对面的沟通容易产生感情，特别是在谈判工作之余，谈论热门话题或共同参与文娱活动，可以增进彼此的了解，培养相互的友谊，从而建立一种比较长久的贸易合作伙伴关系。而这种关系对于谈判协议的履行，以及今后新一轮的谈判工作都有积极的意义。

正是因为面对面谈判的方式利于双方建立友谊、产生感情，谈判者可以利用这种感情因素来强调我方的谈判条件，并使对方不好意思提出异议或拒绝，所以谈判成功的概率要比其他谈判方式高。

2. 面对面谈判的缺点。面对面谈判方式也有一定的缺陷，主要表现以下四点：

（1）容易被谈判对手了解我方的谈判意图。面对面的谈判方式，谈判对手可以从我方谈判人员的举手投足、语言态度，甚至面部表情来推测我方所选定的最终目标以及追求最终目标的坚定性。

（2）决策时间短。面对面的谈判方式，往往要在谈判期限内做出成交与否的决定，不能有充分的考虑时间，也难以充分利用谈判后台人员的智慧，因而要求谈判人员有较高的决策能力，如果决策失误，会使我方蒙受损失或是失去合作良机。

（3）费用高。对于面对面的谈判方式，谈判各方都要支付一定的差旅费或礼节性的招待费等，从而增加了谈判的成本。可以说，在所有的谈判方式中，面对面谈判方式费用最高。

（4）耗时较多。面对面谈判方式比较耗时，而且客户联系面相对较窄。

三、磋商的准则

磋商主要有以下四条准则：

第一，把握气氛的准则；

第二，次序逻辑准则；

第三，掌握节奏准则；

第四，沟通说服准则。

四、磋商过程的注意事项

磋商过程的注意事项有以下四点：

第一，注意调动对方合作的态度与行为。

第二，探测对方的需求。主要包括三个方面：①通过提问了解对方的要求；②通过聆听了解对方的要求；③通过对方的举止了解其要求。

第三，提出自己的要求。这主要分为提出要求和提出极端要求两种情况。

第四，满足需求。这主要包括以下四点：①满足对方的安全需求；②满足对方的经济利益需求；③满足对方的归属需求；④满足对方获得尊重的需求。

五、函电谈判

（一）函电的拟写

1. 函电的结构。函电的结构一般包括以下六部分内容。

（1）标题。标题即函电的题目或函电的名称。标题是函电内容的集中和概括，标题要求简明、确切，不要文不对题。标题和函电内容应互相对应。

（2）编号。编号即函电所标的"字""号"。"字"代表发文单位，"号"代表发文次序。对函电进行编号，是为了收文和发文单位便于分类登记和进行查询。

（3）收文单位。这是指收文单位及行文单位的对象、函电送达的单位。

（4）正文。正文是函电的主要部分。正文一般由三部分组成：

①开头。正文的开头多从发函的原因写起，便于对方了解发函的原委，文字要求简明扼要。

②主体部分。主体是函电最重要的部分。它的任务是阐述发函的目的和要求，一定要做到目的清楚、要求明确，即充分表达己方的意图、要求和条件，又使对方清楚明白、一目了然。

③结尾。结尾有两种写法：或是主体写完即可结尾，或者写两句与主体相照应的话以加深印象。商务函电有惯用的结束语，如"特此函达""特此函复""即请函复""候复"等。在结束语之后，也可以写上一些客套用语，如"谨祝商安""商祺""财祺"等。

（5）附件。随函电发出的销售合同、协议、报价单、发票、单据等都作为附件处理，附在函电之后寄发。附件的名称、号码、件数必须写清楚，写在函电的末尾。

（6）发文单位、日期、盖章。在函电末尾，或者在附件下一行偏右处，写上发文单位名称，单位名称下写明发函年、月、日。在日期上面加盖发文单位的印章，加盖印章是表示对发函严肃负责，有些函件则需单位负责人签名才有效。

2. 如何写好函电。要把各种各样的商务谈判函电写好，就要努力实现以下各项要求：

（1）函电要符合政策法规、风俗习惯等，特别是对外商务函电要充分体现我国对外商务的各项方针政策。这是写好函电的基础和指导思想。

（2）要讲究策略，积极主动地开展业务活动。函电洽谈贸易，要视客户条件、货源情况等，针对不同情况灵活对待；在处理争议和纠纷时，要针对不同情况，采用不同对策。

（3）函电书写要正确、及时，每次函电的内容应当正确、完整。对交易磋商、签订合同协议、处理争议问题等各类函电，都要抓紧时间及时处理，不能拖延，以免丧失良机，造成经济上的损失或带来不良影响。

3. 函电的处理。商务函电面广、量大、内容复杂、时间性强，因此对函电的处理应当做到有计划、分步骤、不积压、不遗漏、不出差错。要想把商务谈判函电的处理工作做好，我们还应注意做到以下三点：

（1）认真阅读电文吃透含义。吃透原文含义是处理函电的第一步，也是最重要的一步。完成这项工作的程序应当是：接到商务函电后先将函电全文通读一遍，选出其中较为重要和急需处理的部分仔细阅读，必要时要查阅有关的档案和资料，以便进行深入全面的分析，吃透函电原意，最后考虑并拟定处理意见。

（2）分清轻重缓急。处理各种商务谈判函电时应把握的原则是：急件即办，重要件及时办，一般件不积压。在步骤上，一般是先处理电报、电传，然后处理时间性较强的函件和洽谈成交的主要客户的来函，最后处理一般性函件。

（3）加强联系。商务交易一般都是由供货方、储运方、包装、财务等众多部门和单位协同完成的。函电的处理和落实涉及许多单位和部门，因此必须加强与各单位、各部门之间的联系，避免工作脱节，以免引起纠纷，造成经济损失。

（二）函电谈判的环节

函电谈判作为商务谈判的一种具体形式，其程序应该说与商务谈判程序是一致的，即也都包含着始谈、摸底、僵持、让步和促成五个环节。但是，函电谈判作为国际商务活动中经常使用的一种谈判方式，其程序又有独特的内涵。按照国际贸易惯例，函电谈判一般包括五个环节，即询盘、发盘、还盘、接受和签订合同。以下重点介绍询盘和发盘。

1. 询盘。询盘（Inquiry）又称探盘，是指谈判一方大致地询问另一方（或其他各方）是否具有供应或购买某种商品的条件，只是了解一下供求情况，以衡量一下对方的实力和需求。具体而详尽的交易条件是在双方沟通的基础上进一步磋商。询盘多由商品的卖方发出，但买方也可根据自己的需要发出询盘。

例如：从你方 9 月 5 日的来信中我们注意到你们希望和我们发展纺织品贸易。在研究过贵公司产品目录之后，我们对货号为 510 和 514 的两款台布感兴趣，请报最低的 CIF 广州价，并注明可供数量及最早交货期。如价格合理、质量令人满意，我们将长期大量订购。

询盘的目的主要是寻找合适的买主或卖主，而不是同买主或卖主正式进行谈判，不具有约束力。尽管如此，询盘时应结合实际，仔细考虑，在同一时间对同一地区的客商询盘不宜太多，否则对日后交易合作会造成不好的影响。

2. 发盘。发盘（Offer）又称要约，是谈判的一方因想出售或购买某项商品，而向谈判的另一方提出买卖该商品的各种交易条件，并表示愿意按这些交易条件成交。通常发盘是由卖方发出的。由于发盘是由买卖双方中的一方给另一方提出交易条件和要求，所以发盘有两个关系人，一个是发盘人，另一个是受盘人。若一项发盘是由卖方发出，卖方就是发盘人，而买方就是受盘人，反之亦然。按照发盘人对其发盘在受盘人接受后，是否承担订立合同的法律责任来划分，发盘可分为实盘和虚盘。在函电方式的商务谈判中，搞清楚实盘和虚盘的法律含义对谈判双方都是非常重要的。

（1）实盘。实盘（Firm offer）是对发盘人有约束力的发盘，也就是发盘人在一定限期内愿意按所提条件达成交易的肯定表示，发盘内容具有达成交易的全部必要条件，而且发盘人在规定的有效时限内，受发盘的约束，即未经受盘人的同意不得撤回或修改，受盘人在有效时期内若无异议地接受，合同即告成立，交易也就达成了。实盘有三个基本条件：①各项交易条件详尽、清楚、明确；②注明所发的盘是实盘；③明确发盘的有效时限。

实盘内容的完整肯定，对受盘人比较有吸引力，可以促使受盘人从速做出决定，达成交易。以下举一实盘的实例进行说明。

谢谢你们 2 月 20 日对大豆的询盘。作为答复，兹发盘如下：

品名：河北大豆，1999 年产

质量：一级

数量：500 吨

价格：每吨 360 美元，CIF 伦敦价

包装：新麻袋装，每袋净重约 50 千克

支付：不可撤销的信用证

交货日期：收到信用证之后 1 个月装运。该发盘为实盘，以你方答复在 3 月 15 日前到达我方为有效。

（2）虚盘。虚盘（Offer without engagement）就是发盘人所做的非承诺性

表示，不具约束力。对于虚盘，发盘人可以随时撤回或修改、变更内容，受盘人即使对虚盘表示接受，也需要经过发盘人的最后确认，才能成为对双方都具有约束力的合同。

虚盘一般有三个特点：①发盘中有回旋余地，常用"以我方最后确认为准"等术语加以说明；②发盘的内容不明确，不做肯定的表示；③缺少主要交易条件。

虚盘对发盘人较灵活，可以根据市场变化修改交易条件，选择合适的对手。但是受盘人常常将其看作是一般的业务联系而不加重视，因而不利于达成交易。以下举一虚盘的实例进行说明。

9月5日询盘收悉。兹报如下：

100吨葵花籽，1999年产，杂质不超过3%，含油量不低于88%，每吨CIF价700美元，新麻袋装，每袋净重约23千克，11月份装船，凭不可撤销信用证付款，该报价以货未售出为准。绿豆暂无货。

六、电话谈判

(一) 电话谈判的适用范围

电话谈判存在着许多缺陷，但这并不能掩盖它独具的优势。扬其所长，避其所短，在下述状况运用电话谈判方式，其效果可能比面对面谈判方式更好。

1. 欲与谈判对方快速沟通、尽早联系、尽快成交时，电话谈判是达到这一目标、取得谈判成功的捷径。

2. 想取得谈判的优势地位时，可以采用电话谈判方式，并且争取主动把电话打给对方。这样，从谈判双方的状态看，你是有备而来，而对方则很有可能是匆忙应战，相形之下，主动打电话这边自然就占了上风。

3. 想使商务信息的流传面较小时，宜采用电话谈判的方式。因为电话的两端一般只有一人，便于保密。

4. 想缩小谈判双方悬殊的地位差距时，电话谈判能收到预想的效果。无论对方身居何职，谈判双方面对的都只是一部电话机。通过电话，双方各自阐述自己的条件和要求，电话两边的人的身份、地位、职务都显得不太重要。

5. 在拒绝谈判对手时，或者想中断谈判时，用电话谈判的方式更为简便易行。用电话谈判，拒绝的话更容易说出口，不会出现尴尬难堪的局面。

6. 故意表示对某项业务或某个谈判不关心时，以及故意表示我方谈判态度强硬和立场坚定时，采用电话谈判方式更有可能收到预期的效果。

7. 对待难以沟通和难以对付的谈判对手，运用电话谈判方式更具实效。如前所述，因为电话铃声普遍令人难以抗拒，即使难以沟通和难以对付的谈判对手也会拿起电话听筒与你沟通和洽谈。

8. 当面对面谈判方式难以进行时，宜采用电话谈判方式，这样可能收到"柳暗花明又一村"的效果。

（二）电话谈判技巧

由于电话谈判是一种只有声音没有人物表情、形体动作的洽谈，因此一旦选用电话谈判方式，更需要注意技巧。

1. 争取主动。一经选定电话谈判方式，便应积极争取做主动打电话的人，不做被动的接听者。因为只有做好充分的准备，才能成为主动的打电话者。而只有主动的打电话者，才能处在谈判的优势地位。如果被对方抢了主动，便不得不按照对方的意图和安排绕圈子。所以，在日益频繁的电话谈判和交往中，要尽量争取主动，不仅在各项营销商务谈判中做主动打电话者，还要在每一次电话交往中争做主动者。

如果对方给你来了电话，而你没有准备时，使一招"金蝉脱壳"之计便可获得变被动为主动的机会，应张口会说一套诸如此类的话："对不起，我正有一件紧急的事情要办，您说个方便的时间我给您回电话吧。"这样，你便赢得了准备谈判的时间，占据了主动。

2. 做好准备。作为打电话者，只有事先做好计划和准备，才能真正取得主动权，没有准备便拨电话，谈判中的优势很有可能拱手让给对方。谈判前的计划和准备主要包括以下几个方面。

（1）把要谈判的内容列一个详细的清单，包括说话的内容和顺序，尤其是重要事项不要遗漏。

（2）把即将在电话里进行的谈判在脑海中演练一遍，熟悉内容，加深记忆。

（3）对于对方在谈判中可能采取的战略战术、技巧策略要有所估计和预料，制定相应的对策，有充足的心理准备。

（4）在打电话之前，应当把将要用到的东西放在手边。例如，谈判中可能涉及的有关资料、数字，记录用的纸和笔；另外，准备一台计算器，便于随时用来计算。

（5）左手拿电话，右手用笔记录。把谈话内容记录下来，打完电话要整理通话内容，为下一次通话做相关的准备。

（6）人非圣贤，孰能无"惑"，即使准备得再充分，也难免有始料不及的问题和对方转移话题的情况，对不了解和不懂的问题，要有勇气承认个人的知识有限，这也是必要的思想准备。

（7）要准备好一两个"借口"，以便在谈判不利的时候随时不失礼节地挂断电话。这样便可以避免谈判沿着不利的方向发展，避免谈判局面进一步恶化，给我方争取思考的时间和回旋的余地。

3. 集中精神。使用电话谈判，必须完全依靠谈话，电话声音是你唯一的使者，你必须通过电话给对方一个良好的印象。所以，传到电话那端的必须是一个清晰、有力、生动、中肯、让人感兴趣的声音。因此，把注意力完全集中在电话上，排除外界种种干扰，不可一心二用，与谈判无关的事待谈判结束后再做。

4. 听说有度。适当掌握听与说的比例，尽量诱使对方多说，从对方的滔滔不绝中获得更多的信息和资料。

5. 把握节奏。学会聪明地沉默。多听少讲，除非我们已经进行了认真分析、全盘考虑和洞察了各种利弊关系，否则不要进行彻底的谈判，不要试图一次解决问题，也不要吝惜电话费用而迫使自己仓促决策。

6. 及时更正。假如事后发现谈判的结果对我方不公或不利时，应毫不犹豫地要求对方重开谈判。

7. 记录整理。要在电话谈判的过程中做好笔记，并在谈判结束后尽快将笔记整理归档，以求档案完整，便于事后随时查阅。

8. 协议备忘录。当我们通过电话完成了一项商务活动，做成一笔交易，也就是完成一次电话谈判时，随后就应认真地写一份有关谈判的书面纪要，即协议备忘录，并将这项工作通知对方。

协议备忘录有时被称为意向书或理解纪事，其目的就是把电话谈判中所要明确的谈判各方的责任、权利和义务都写在纸上，作为双方协议的书面凭证，要求各方严格遵照执行。写好协议备忘录后，要寄给对方一份。

许多经验一再证明，君子协定无君子，口头协定不值钱。协议备忘录不只是谈判各方履约的依据，也是事后处理纠纷的法律依据。所以，在电话谈判中写好协议备忘录是极其重要的。协议备忘录如同订合同一样，具有法律的约束力，因此对谈判各方的责、权、利要规定得全面、清楚、明确。

七、谈判阶段的五个共性要求

第一，条理规则——议题有序，表述有理；

第二，客观规则——态度、立场、说理要客观实际；

第三，进取规则——说服对手，争取己方利益；

第四，礼节规则——礼貌待人，约束行为；

第五，重复规则——对某些议题、观点的重复。

第二节　谈判报价阶段

价格是谈判的焦点，无论是买方还是卖方，谈判的核心最终要集中到价格上。"商务谈判三部曲"认为，谈判的步骤应该为三个进程，即申明价值（Claiming value）、创造价值（Creating value）和克服障碍（Overcoming barriers to agreement）。其中第一个步骤，就是谈判报价。

一、确定报价标准

根据影响价格的因素和价格谈判中的价格关系来选择报价。

（一）影响价格的因素

影响价格的因素包括市场行情、谈判者的需求情况、交货期要求、产品的技术含量和复杂程度、货物的新旧程度、附带条件和服务、产品和企业的声誉、交易量的大小、销售时机及支付方式等。

（二）价格谈判中的价格关系

在价格谈判中要考虑这样几组关系：①主观价格与客观价格；②绝对价格与相对价格；③消极价格与积极价格；④固定价格与浮动价格；⑤综合价格与单项价格；⑥主要价格与辅助商品价格。

二、报价的基本原则

谈判一方向另一方报价时，不仅要考虑报价所能带来的利益，还要考虑该报价被对方接受的可能性。无论买方还是卖方，都应该掌握报价的基本原则。报价的基本原则有以下四点：

第一，开盘价必须报"之最"。对卖方来讲，开盘价必须是"最高的"，相应的，对买方而言，开盘价必须是"最低的"。这是报价的首要原则。

第二，开盘价必须合情合理。如果报价过高，会使对方感到你没有诚意，会引起对方反感，甚至不予理睬，扬长而去。对于卖方来说，也不能"漫天要价"，这会使对方感到你没有常识。

第三，报价应该果断、明确、清楚。报价应该不加过多的解释和说明，开盘价果断提出，这样才能给对方留下诚实的印象，如果欲言又止，吞吞吐吐，就会导致对方产生怀疑。报价时要非常清楚否则会被对方找出破绽，抓住把柄。

第四，报价不要报整数。在商务谈判时，如果报出一个整数价，是暗示让人家来降低价格。如果提出一个有零头的数字，听起来好像比较强硬、坚定，谈判的余地也较小，从而能得到更好的结果。

三、选择报价时机

报价时机不外乎先报价和后报价两种，两种时机各有利弊。

（一）先报价

1. 先报价的好处

（1）先报价实际上为谈判规定了一个框框，最终的协议将在这一界线内形成。

（2）先报价会在一定程度上影响对方的期望水平，进而影响到对方在随后各谈判阶段的行为。

2. 先报价的不利之处

（1）先报价容易为对方提供调整行为的机会，可能会使己方丧失一部分原本可以获得的利益。

（2）先报价还会使对方可集中力量对报价发起进攻，迫使报价方一步步降价，而对方究竟打算出多高的价却并未透露。

（二）选择先后报价的条件

1. 一般来说，如果预期谈判的较量过程非常激烈、各不相让，就应该首先报价。

2. 如果己方的谈判实力强于对方，或者说与对方相比，己方在谈判中处于相对有利的地位，那么己方先报价是有利的。

3. 谈判人员的经验。如果双方谈判人员都拥有丰富的谈判经验，那么彼此驾驭谈判活动的机会是较为均等的，谁先报价一般都无碍大局。

4. 一般的商业习惯是发起谈判的一方通常应先行报价。

5. 谈判对方是老客户，彼此比较信任，那么，谁先报价就无所谓了。

四、报价战术

在国际商务谈判中，有两种比较典型的报价战术，即西欧式报价和日本式报价。这是两种风格迥异的报价术。

（一）西欧式报价：典型的高报价方式

西欧式报价的一般模式是，首先提出有较大余地的价格，然后根据买卖双方的实力对比和该笔交易的外部竞争状况，通过给予各种优惠，如数量折扣、价格折扣、佣金和支付条件上的优惠（如延长支付期限、提供优惠信贷等）来逐步达成交易目的，这种报价法只要能稳住买方，往往会有一个不错的结果。

（二）日本式报价：典型的低报价方式

日本式报价的一般做法是，将最低价格列在价格表上，以求首先引起买主的兴趣。由于这种低价格一般是以对卖方最有利的结算条件为前提，并且这种低价格条件交易的各方面很难全部满足买方的需要，如果买方要求改变有关条件，那么卖方就会相应提高价格，因此买卖双方最后成交的价格，往往高于价格表中的价格。日本式的报价在面临众多外部对手时，是一种比较策略的报价方式，因为它一方面可以排斥竞争对手而将买主吸引过来，取得与其他卖主竞争中的优势；另一方面当其他卖主纷纷走掉时，买主原有的买方市场的优势已不复存在，是一个买主对一个卖主，从而可以坐下来慢慢谈判，一点一点地把价格提上去。

日本式报价与西欧式报价相比，虽有利于竞争，但就买方心理而言，一般人总习惯于价格由高到低，逐步降价，而不是相反。

五、报价策略

（一）报价差别策略

报价差别策略是由于购买数量、付款方式、交货期限、交货地点、客户性质等方面的不同，采取同一商品的购销价格不同的策略。这种价格差别，体现了商品交易中的市场需求导向，在报价策略中应重视运用。

（二）报价时机策略

报价时机策略是谈判者根据自己的经验，选择适当的时机提出报价，以促成成交的策略。

价格谈判中，报价时机是一个策略性很强的问题。有时，卖方的报价比较合理，但并没有使买方产生交易欲望，原因往往是此时买方正在关注商品的使用价值。所以，价格谈判中，应当首先让对方充分了解商品的使用价值和为对方带来的实际利益，待对方对此发生兴趣后再来谈价格问题。

（三）报价分割策略

报价分割策略是主要为了迎合买方的求廉心理，将商品的计量单位细分化，然后按照最小的计量单位报价的策略。价格分割是一种心理策略。卖方报价时，采用这种报价策略能使买方对商品价格产生心理上的便宜感，容易为买方所接受。

（四）报价对比策略

报价对比策略是指向对方抛出有利于本方的多个商家同类商品交易的报价单，设立一个价格参照系，然后将所交易的商品与这些商家的同类商品在性能、质量、服务与其他交易条件等方面做出有利于本方的比较，并以此作为本方要价的依据。

（五）加法报价策略

加法报价策略是指在商务谈判中，有时怕报高价会吓跑客户，就把价格分解成若干层次渐进提出，使若干次的报价最后加起来仍等于当初想一次性报出的价格。

（六）除法报价策略

除法报价策略是一种价格分解术，以商品的数量或使用时间等概念为除数，以商品价格为被除数，得出一种数字很小的价格，使买主对本来不低的价格产生一种便宜、低廉的感觉。

六、报价策略的运用

（一）报价差别策略的运用

同一商品，因客户性质、购买数量、需求急缓、交易时间、交货地点、支付方式等方面的不同，会形成不同的购销价格。这种价格差别，体现了商品交易中的市场需求导向，在报价策略中应重视运用。

例如，对老客户或大批量需求的客户，为巩固良好的客户关系或建立起稳定的交易联系，可适当实行价格折扣；对新客户，有时为开拓新市场，亦可给予适当让价；对某些需求弹性较小的商品，可适当实行高价策略；对方"等米下锅"，价格则不宜下降；旺季较淡季，价格自然较高；交货地点远程较近程或区位优越者，应有适当加价；支付方式，一次付款较分期付款或延期付款，价格须给予优惠等。

（二）报价时机策略的运用

经验表明，提出报价的最佳时机，一般是对方询问价格时，因为这说明对方已对商品产生了交易欲望，此时报价往往水到渠成。

有时，在谈判开始的时候对方就询问价格，这时最好的策略应当是听而不闻。因为此时对方对商品或项目尚缺乏真正的兴趣，过早报价会徒增谈判的阻力。这时应当首先谈该商品或项目能为交易者带来的好处和利益，待对方的交易欲望被调动起来后再报价为宜。当然，对方坚持即时报价，也不能故意拖延；否则，就会使对方感到不被尊重，此时应善于采取建设性的态度，把价格同对方可获得的好处和利益联系起来。

总之，报价时机策略，往往体现着价格谈判中相对价格原理的运用，体现着促进积极价格的转化工作。

（三）报价分割策略的运用

报价分割策略包括以下两种形式：

1. 用较小的单位报价。例如：茶叶每公斤 200 元报成每两 10 元；大米每吨 1 000 元报成每公斤 1 元。国外某些厂商刊登的广告也采用这种技巧，如"淋浴 1 次 8 便士"、"油漆 1 平方米仅仅 5 便士"。巴黎地铁公司的广告是："每天只需付 30 法郎，就有 200 万旅客能看到你的广告。"用小单位报价比大单位报价会使人产生便宜的感觉，更容易使人接受。

2. 用较小单位商品的价格进行比较。例如："每天少抽一支烟，每天就可订一份×××报纸。""使用这种电冰箱平均每天 0.5 元电费，0.5 元只够吃一根最便宜的冰棍。""一袋去污粉能把 1 600 个碟子洗得干干净净。""×××牌电热水器，洗一次澡不到 1 元。"

用小商品的价格去类比大商品会给人以亲近感，容易达成交易。

（四）报价对比策略的运用

价格谈判中，使用报价对比策略往往可以增强报价的可信度和说服力，一般有很好的效果。报价对比可以从多方面进行。例如，将本商品的价格与另一可比商品的价格进行对比，以突出相同使用价值的不同价格；将本商品及其附加各种利益后的价格与可比商品不附加各种利益的价格进行对比，以突出不同使用价值的不同价格；将本商品的价格与竞争者同一商品的价格进行对比，以突出相同商品的不同价格等。

(五) 加法报价策略的运用

采用加法报价策略，卖方多半是靠所出售的商品具有系列组合性和配套性来逐步提高价格的。买方一旦买了组件 A，就无法割舍组件 B 和 C 了。在运用该策略时，报价时并不将自己的要求一下子报出，而是分几次提出，以免全部报出吓倒对方，导致谈判破裂。

例如，文具商向画家推销一套笔墨纸砚。如果他一次报高价，画家可能根本不会买。但文具商可以先报笔价，要价很低；成交之后再谈墨价，要价也不高；待笔、墨卖出之后，接着谈纸价，再谈砚价，抬高价格。画家已经买了笔和墨，自然想"配套"，不忍放弃纸和砚，在谈判中便很难在价格方面不做出让步了。

(六) 除法报价策略的运用

如保险公司为动员液化石油气用户参加保险，宣传说：参加液化气保险，每天只交保险费 1 元，若遇到事故，则可得到高达 1 万元的保险赔偿金。这种做法，用的就是该策略。相反，如果说每年交保险费 365 元的话，效果就差多了。因为人们觉得 365 是个不小的数字。而用"除法报价策略"说成每天交 1 元，人们听起来在心理上就更容易接受了。

第三节　讨价还价阶段

谈判中，一方已经报价，另一方要求报价方改善报价的行为，被称作讨价。我们可以从两方面理解讨价。

从宏观角度理解，即总体讨价。总体讨价常常用于谈判的一方对其对手报价评估之后的第一次要价，或者在较复杂的交易中的第一次要价时。

从微观角度理解，即具体讨价。具体讨价常常用于对方第一次改善价格之后不易采用总体讨价方式的报价。

还价是指谈判一方根据对方的报价和自己的谈判目标，主动或应对方要求提出自己的价格条件，它常由买方在一次或多次讨价还价后应卖方的要求而做出。

一、讨价原则

在商务谈判中，应遵循以下计价原则：

第一，以理服人，见好就收。因为讨价还价是伴随着价格评论进行的，所以讨价还价应本着尊重对方和说理的方式进行；又因为不是己方的还价，而是启发、诱导对方降价，为还价做准备，如果在此时强压对方降价，则可能使谈判过早地陷入僵局，对己方不利。故在初期、中期的讨价即对方还价前的讨价，应保持"平和信赖"的气氛，充分说理，以求获得最大的利益。

第二，揣摩心理，掌握次数。讨价还价数既是一个客观数，又是一个心理数。"心理次数"反映谈判对方对你的讨价有所反应，对你所要求的条件愿意考虑。

二、还价原则

还价是谈判一方根据对方的报价和自己的谈判目标，主动或应对方要求提出自己的价格条件，并且常常由买方在一次或多次讨价还价后应卖方的要求而做出。在商务谈判中，要进行有效的还价就必须遵循一定的原则：

第一，在还价之前必须充分了解对方价格的全部内容，准确了解对方提出条件的真实意图。

第二，为了摸清对方报价的真实意图，可以逐项对对方报价所提的各项交易条件，探询其报价依据或弹性幅度，注意倾听对方的解释和说明。

第三，如果对方的报价超出谈判协议的范围，与己方要提出还价条件相差甚大，不必草率地提出自己的还价，而应该先拒绝对方的报价。

三、讨价还价的态度

讨价还价，其实是一种说服的艺术。我们在"游说"的过程中，必须把握一点：那就是必须"王婆卖瓜自卖自夸"，突出产品以及与产品销售相关的所有优势，让对方由衷地产生一种"仅此一家，别无分店""花这种钱值得"的感觉。否则，结果将是说而不服。

首先，突出产品本身的优势。例如，产品有一流的加工制造工艺水平，质量有保障；有确切的疗效，使用少量即可收到良好的效果；有独特的卖点，市场空白大，同类产品少，竞争力强；有适宜的零售价格，对消费者而言，很容易或很乐意接受产品，虽然薄利但可以多销等。

其次，突出得力的后续支持。主要表明产品的相关广告宣传攻势强，从中央到地方的各大媒体均有所覆盖；促销政策到位，礼品配送及时；分销政策健全，能有效地控制分销市场，做到不乱区域、不乱价格等。

最后，突出周全的配套服务项目，比如建立了免费咨询服务、送货上门、安装调试、终身保修等一套比较完善的售后服务机制。

四、应对讨价还价的原则

（一）问价的主要目的

问价的主要目的如下：

1. 真心想买，问价以获取一个还价的价格基数。

2. 可买可不买，借询问之机以了解有关该品种的价格行情，也就是"探虚实"。

3. 老客户为了拒绝或终止继续合作，以讨价还价为借口，给出一个卖家根本无法承受的价格。

（二）应对原则

应对计价还价的原则如下：

1. 应该明察秋毫，留意对手所提的每个要求，抓住要害，加以分析，快速地做出判断；明确对手询价问价以及讨价还价的真正目的；决定自己该不该对他报价、报什么价。

2. 开展一些摸底调查工作，弄明白其以前的进货渠道及价格扣率，了解对方能接受多大利润空间的供货价格，针对性地报出既有讨还的余地，又对对方有一定吸引力的价格。

3. 即使自己非常清楚自己现在所执行的供货价格确实要高出其他供应商的供货价格，也不能立即答应对方降价供货，这时可以用自己不知详情为借口，对其承诺等向公司或相关领导请示后再予以答复。如果立即降价供货，会让对方产生一种被欺骗的感觉："你明明可以以更低价格销售，给我们供货时却偏偏要如此高价"。如此一来，会影响到前期货款的结算和后期的进一步合作。

总之，面对对手的讨价还价，己方可以在"不亏老本、不失市场、不丢客户"这一原则下灵活掌握，只要不让对手讨还出一个"放血价""跳楼价"，害得自己"大甩卖"就行了。另外还要说明一点，经过一番激烈讨还，价格一旦"敲定"，必须马上签订协议将对方"套牢"，不给对方一丝的反悔和变卦的机会。

第四节　谈判让步阶段

讨价还价是商务谈判的重要内容，熟练地运用讨价还价的策略与技巧是促成谈判的保证。从大的策略看，讨价在于价值索取，还价在于让步，两者无法划出清晰的分界线，表现为互相索取、互相让步。

一、价值索取

（一）价值索取的目标

价值是指事物对我们的用处和我们对事物的需求。我们的基本目标是在谈判中主张最大利益。我们以"罗斯福竞选难题"这个案例加以说明。

1912 年，西奥多·罗斯福正在为第三次竞选做积极准备。竞选竞争激烈，每一天都有新的挑战。但是一个突发事件让罗斯福的团队慌了手脚。上百万份在演讲中使用的罗斯福照片已经印刷完毕，罗斯福竞选团队主管此时却意识到他们未经照片摄影师的许可就使用了这张照片。更糟糕的是，这位主管发现根据美国版权法的规定，他们必须向摄影师支付的酬劳最高可达每张 1 美元。这意味着竞选团队需要向摄影师支付最高可达 300 万美元的照片使用费。1912 年的 300 万美元可不是个小数目，选举团队根本拿不出这笔钱。于是竞选团队试图寻找替代方案。但是替代方案同样也存在问题：重新印刷 300 万份小册子的花费同样惊人，同时还会严重耽误时间。竞选主管需要和摄影师商量以求得一个更低的价格，这如何才能办到呢？

在仔细分析问题后，这位主管发了一封电报给摄影师，上面写道：将在演讲中使用 300 万张罗斯福的照片。这是摄影师扬名立万的绝佳机会。征询收费数额。速回。

摄影师（此时摄影师并不知道对方已经印刷出了 300 万张照片）很快就回了电报，上面写道：承蒙眷顾，感谢给予这个机会，不低于 250 美元。

这位主管最终和摄影师谈成了这笔看似不可能的生意。

试问，竞选主管是如何在绝境中完全扭转局势的？

答案很明显，就是主管找到了最佳替代方案和对方的底线。

罗斯福竞选团队的主管如果仅仅关心他自己的最佳替代方案（重新印刷 300 万份小册子）和底线（向摄影师支付那一大笔钱），那么谈判最终会演变成一场灾难。这位竞选主管的天才之处在于，他决定对摄影师的最佳替代方案进行评估。也就是说，这位主管考虑到了摄影师在谈判无果而终情况下的行动。如果谈判不欢而散，而罗斯福决定不用那张照片，那么摄影师可能从那张照片上分文不赚，同时也失去了一个将自己的作品向全国展示的机会。这样一来，虽然竞选主管的最佳替代方案十分糟糕，但是摄影师的最佳替代方案也好不到哪里。因此摄影师就有可能对照片少收费或不收费。

（二）价值索取的步骤

我们来详细分析一下，运用价值索取策略时，作为主管思考过程的每个步骤。

第一步：评估自己的最佳替代方案。

在所有的谈判中，你首先就应该想到如果谈判无果而终，接下来该怎么做。换句话来说，你需要评估你的最佳替代方案。这是在谈判陷入僵局时你必须采取的对策。如果你对自己的最佳替代方案没有一个清楚的了解，那么你就不可能知道在谈判中何时该接受对方的最终方案，何时去做出其他选择。你的最佳替代方案评估需要包括以下三个部分：一是你为了应对可能无法和对方达成协议的可能，需要找出谈判中所有可能的替代方案；二是对每一个替代方案的价值进行评估；三是选择最佳替代方案。

第二步：估算自己的底线。

分析你的最佳替代方案十分重要，因为这种分析可以让你估算你的底线，或估算出你在谈判中拂袖而去的可能性。在罗斯福竞选难题案例中，买方的底线即是主管愿意从摄影师那里接受的最高报价。那么这种报价有多低呢？如果谈判陷入僵局，你可能会根据美国版权法的规定支付 300 万美元，这是你的底线吗？不是。因为你可以在和摄影师的谈判中继续压低价格，大大低于 300 万美元，这就是你的底线。

第三步：评估对方的最佳替代方案

必须找出对方的底线如摄影师在谈判无果而终情况下的行动。如果谈判不欢而散，罗斯福决定不用那张照片，那么摄影师可能从那张照片上分文不赚，同时也失去了一个将自己的作品向全国展示的机会。

第四步：估算对方的底线。

摄影师有可能对照片少收费或不收费。

第五步：评估议价区域

一旦你了解了各方的底线，你就可以对议价区域进行评估。议价区域是指双方可以接受的所有最终可能协议的集合区。也就是说，议价区域是位于卖方底线和买方底线之间的区域。在罗斯福竞选难题案例中，议价区域就是位于少收费或不收费和 300 万美元之间所有报价的集合。议价区域囊括了所有可能的协议，因为在此区间内的任意一点都是双方可能达成协议的报价；区间外的报价则会被其中一方拒绝。也就是说，从议价区域来看，你不会接受 300 万美元以上的报价。

第六步：谈判之后，评估你在谈判中的表现

如何知道你最终做成的是一笔好买卖，或是一笔大买卖，又或是一笔糟糕的买卖？其中一个评估方法就是看看自己在谈判中得到的是否超过了自己的底线：

在"罗斯福竞选难题"案例中，当时这位主管发现竞选团队可能因未经允许就采用照片而欠下摄影师 300 万美元的巨款。面对这种情况，竞选主管没有过多思考自己微弱的最佳替代方案（重新印刷数百万份小册子），而是将更多的精力放在了摄影师微弱的最佳替代方案上（既赚不到钱，又失去了扬名立万的机会）。为了抓住摄影师的最佳替代方案，竞选主管不仅没有向其支付巨款，还在这笔交易上从摄影师那里赚了钱。关注自身最佳替代方案（比如，没有对方我能干什么？）的谈判人员的期望一般不高，而且他们在交易中的所得只要超过他们的底线，他们就满足了。同时关注对方最佳替代方案的人则将注意力放在了他们能带给对方的那部分价值上。这些人倾向于拥有更高的期望，想要在谈判中获得更多的价值。

（三）谈判中常见的价值索取失误

谈判中常见的价值索取失误有以下七点：

1. 你处于下风，却首先报价。

2. 你首先报价，但是要价保守。

3. 你没有倾听对方的话语。

4. 你试图影响对方但却没有尝试去了解对方。

5. 你对关于对方的假设深信不疑。

6. 你一开始错误地估算了议价区域，而且也没有在谈判中重新对其进行估算。

7. 你比对方做的让步更大。

二、避免做出单方面的让步

（一）遵循互利互惠原则

当各方都报出初始价格后，那么就是时候为达成双方都接受的协议进入精心设计的程序了。谈判专家能灵活地做出让步，但同时也要求互利互惠。避免做出单方面的让步是很重要的。幸运的是，大多数谈判都遵循一种互利互惠的原则。

（二）要轮流让步

谈判各方都应该明白要轮流让步。如果对方破坏了这个原则，己方应该立刻就处理这个问题。以下是五种处理这种问题的策略。

1. 沉默是金。这是指利用沉默来操纵谈判。与其错误地回应对方的报价，还不如守株待兔，静观其变。对方在沉默中经常会因为紧张而对自己的报价进行修改，让报价变得更易于让人接受，或干脆发出愿意做出更大让步的信号。水平高超的谈判人员不仅知道沉默的力量，而且也明白沉默是金的道理。如果你在轮到对方发言时发言，你将为你的发言付出代价。

2. 向对手强调你的让步。根据互利互惠原则，谈判人员应该在对方让步时也礼尚往来地让步。研究表明，当对方的让步在人们心里并不重要时，人们会更容易摒弃互利互惠的原则。所以你应该向对手强调你的让步。不要简单地让步或降低你的要求，而要让对方意识到你的让步对你来说代价高昂。因为在你强调过你的让步后，对方很难不对其引起重视。

3. 定义互利互惠原则。如果你不仅向对方强调你的让步，还详细地让对方明白你具体想要什么作为回报，那么互利互惠原则就奏效了。这个策略同时还消除了谈判中模棱两可的部分。即便对方认可你的让步，他们可能仍然用一些低价值的东西来回报你，除非你明明白白地让对方知道这样做并没有履行他们互利互惠的责任。

4. 配合让步。配合让步（contingent concessions）清楚地将你的让步和对方的行动联系起来。换句话说，你可以将你的让步变成相互交换的形式，让对方知道只有自己让步，你才会让步。就像说如果你保证将货物早日送达，我可以出更高的价钱。你在让步和你的合作意愿上附加的条件越多，就越难与对方建立信任，加强双边关系。所以配合让步应该适时而用，不可过度。

5. 警惕让步程度递减效应。在大部分谈判中，让步程度有其特定的规律，即早期的让步比后期的让步大。换句话说，谈判人员在谈判中的让步有逐渐减小的趋势。比如在汽车销售方面，销售人员可能从4.5万美元开始，下调到4.4万美元，接着到4.35万美元，最后到4.33万美元。这个趋势有其合理之处。谈判人员越接近他自己的底线，那么大幅度让步的可能性就越小。结果大部分谈判人员在谈判中做好了应对这个规律的准备，并将其作为对方接近底线的信号。但是对方也可能战略性地利用谈判人员的预期。也就是一方在离底线尚有距离之际就暗示对方自己已经没有让步的空间了。所以在判断议价区间的真实大小时，要考虑到这种可能性。

三、讨价还价的技巧

（一）投石问路战术

要想在谈判中掌握主动权，就要尽可能地了解对方的情况，尽可能地了解掌握某一步骤，对对方的影响以及对方的反应如何。投石问路就是了解对方情况的一种战术。

例如，在价格阶段讨论中，想要试探对方对价格有无回旋的余地，就可提议："如果我方增加购买数额，贵方可否考虑优惠价格呢？"然后，可根据对方的开价进行选择比较，讨价还价。

1. 投石问路的关键，在于选择合适的"石"。提出的假设应该是己方所关心的问题，而且是对方无法拒绝回答的。很多时候，如果提出的问题正好是对方所关心的，那么也容易将己方的信息透露给对方，反而为对方创造了机会。所以，在使用投石问路策略的时候，也应该谨慎，并且注意不要过度。

比如，现在一位买主要购买三千件产品，他就先问如果购买一百、一千、三千、五千和一万件产品的单价分别是多少。一旦卖主给出了这些单价，敏锐的买主就可从中分析出卖主的生产成本、设备费用的分摊情况、生产的能量、价格政策、谈判经验丰富与否等情况。最后，买主能够得到比购买三千件产品更好的价格，因为很少有卖主愿意失去这样购买数量的买卖。

2. 要关注"问"。不同的谈判过程，获取信息的提问方法不同。概括起来，提问形式有六种类型：

（1）一般性提问，如"你认为如何？""你为什么这样做？"等；

（2）直接性提问，如"这不就是事实吗？"等；

（3）发现事实提问，如"何处？""何人？""何时？""何事何物？""如何？""为何？"等；

（4）探讨性提问，如"是不是？""你认为呢？"等；

（5）选择性提问，如"是这样，还是那样？"等；

（6）假设性提问，如"假如……怎样？"等。

这些提问方式是有力的谈判工具，我们必须审慎地、有选择地、灵活地运用这一工具。任何一个问题都使买主更进一步了解对方的商业习惯和动机，卖主想要拒绝回答也是很容易的，所以大多数卖主宁愿降低价格，也不愿意忍受这种疲劳轰炸式的提问。

在购买东西时，可以经常采用投石问路策略，通过许多假设性提问，获得颇有价值的资料。如以下问题：

假如我们订货的数量加倍或减半呢？假如我们和你签订一年的合同呢？假如我们将保证金减少或增加呢？假如我们自己提供材料呢？假如我们提供工具呢？假如我们要买几种产品，不只购买一种呢？假如我们让你在淡季接下这份订单呢？假如我们自己提供技术援助呢？假如我们改变合同的形式呢？假如我们买下你的全部产品呢？假如我们改变产品的规格呢？假如我们分期付款呢？

3. 采用投石问路策略时，应注意以下几个方面的问题：

（1）提问题要恰当。如果所提问题规定的回答方式能够得到使对方接受的判断，那么这个问题就是一个恰当的问题，反之就是一个不恰当的问题。

例如，在经济合同的再谈判过程中，买方与卖方在交货问题上激烈辩论。卖方晚交货两个月，同时只交了一半的货。买方对卖方说："如果你们再不把另一半货物按时交来，我们就向其他供货商订货了。"卖方问："你们为什么要撤销合同？如果你们撤销合同，重新订货，后果是不堪设想的，这些你们明白吗？"在这里卖方提出"你们为什么要撤销合同"，这是一个不恰当的问题，因为这个问题隐含着一个判断，即买方要撤销合同。这样，买方不管怎样回答，都得承认自己要撤销合同。这就是强人所难、逼人就范，谈判自然不欢而散。所以，谈判必须准确地提出问题，力求避免包含着某种错误假定或有敌意的问题。

（2）提问题要有针对性。在谈判中，一个问题的提出要把问题的解决引导到交易能否达成这一方向上去，并给予足够的时间使对方做尽可能详细的正面回答。为此，谈判者必须根据对方的心理活动运用各种不同的方式提出问题。

例如，当需要方不感兴趣、不关心或犹豫不决时，供方应问一些引导性问题："你想买什么东西？""你愿意付出多少钱？""你对于我们的消费调查报告什么意见？""你对于我们的产品有什么不满意的地方？"等。提出这些引导性问题后，供方可根据需方的回答找出一些理由来说服对方，促使交易达成。

（3）尽量避免暴露提问的真实意图，不要与对方争辩，也不必陈述己方的观点。

（二）抬价压价战术

在谈判中，通常是没有一方一开价，另一方就马上同意，双方拍板成交的，都要经过多次的抬价、压价才能相互妥协，确定一个一致的价格。

由于谈判时抬价一方不清楚对方要求多少，在什么情况下妥协，所以这一策略运用的关键就是抬到多高才是对方能够接受的。一般而言，抬价是建立在科学的计算，精确的观察、判断、分析基础上的。当然，忍耐力、经验、能力和信心也是十分重要的。在讨价还价中，双方都不能确定能走多远，能得到什么。因此，时间越久，局势就会越有利于有信心、有耐力的一方。

压价可以说是对抬价的破解。如果是买方先报价格，可以低于预期进行报价，留有讨价还价的余地，如果是卖方先报价，买方压价，则主要可以采取以下六种方式：

第一，揭穿对方的把戏，直接指出实质。比如算出对方产品的成本，挤出对方报价的水分；

第二，制定一个不断超过预算的金额，或是一个价格的上下限，然后围绕这些标准，进行讨价还价；

第三，用反抬价来回击，如果在价格上迁就对方，必须在其他方面获得补偿；

第四，召开小组会议，集思广益，思考对策；

第五，在合同没有签订以前，要求对方做出某种保证，以防反悔；

第六，使对方在合同上签署的人越多越好，这样，对方就难以改口。

（三）价格让步策略

1. 让步策略的基本规则如下：

（1）不要做无谓的让步，应体现出对己方有利的宗旨。每次让步或是以牺牲眼前利益换取长远利益，或是以己方让步换取对方更大的让步和优惠。

（2）在未完全了解对方的所有要求以前，不要轻易做任何让步。盲目让步会改变双方的实力对比，让对方占有某种优势，甚至对方会得寸进尺。

（3）让步要让在关键处，让得恰到好处，能使己方以较小的让步获得对方较大的满意。

（4）在己方认为重要的问题上力求使对方先让步，而在较为次要的问题上，根据情况需要，己方可以考虑先做让步。

（5）己方的让步姿态不要表现得太清楚。每个让步都应该指向可能达成的协定，可是不能让对方看出己方的目标所在。

（6）不要做交换式的让步。让步并不需要双方互相配合，以大换小、以旧换新、以小问题换大问题的做法是不可取的。

（7）不要承诺做同等程度的让步，一报还一报的互相让步是不可取的。如果对方提出这种要求，可以己方无法负担为借口加以拒绝。假如对方开价60元而你开价40元，对方说："我们取个平均值吧。"你可以说："这不能接受。"

（8）做出让步时要三思而行，谨慎从事，不要过于随便，给对方以无所谓的印象。

（9）不要让对方轻易得到好处。人们往往不珍惜轻易得到的东西。

（10）必须让对方懂得，己方每次做出的都是重大的让步。即使做出的让步对己方损失不大，也要使对方觉得让步得来不易，从而珍惜得到的利益。

（11）如果做出的让步欠周密，要及早收回，不要犹豫。不要不好意思收回已做出的让步，最后的握手成交才是谈判的结束。

（12）在准备让步时，尽量让对方开口提出条件，表明要求，要先隐藏自己的观点、想法。

（13）一次让步的幅度不宜过大，节奏也不宜太快，但也必须足够，应做到步步为营。

（14）没有得到某个交换条件，永远不要轻易让步。不要免费让步，或是未经重大讨论就让步。如果你得不到一顿晚餐，就得一个三明治。如果你得不到一个三明治，就得一个许诺。许诺是打了折扣的让步。

（15）不要不敢说"不"。大多数人都不敢说"不"，只要你重复说，对方就会认为你说的是真的。要坚持立场。

（16）让步的目标必须反复明确。让步不是目的，而是实现目的的手段。任何偏离目标的让步都是一种浪费。让步要定量化，每次让步后，都要明确让步已到何种程度、是否获得了预想的效果。

（17）不要执着于某个问题的让步。整个合同比各个具体部分都更重要。要向对方阐明，己方在每个问题上的让步要视整个合同是否令人满意。

（18）在接受对方让步时要心安理得。不要一接受对方让步就不好意思，就有义务感、负债感，马上考虑是否做出什么让步给予对方回报。这样做的话，你争取得到的让步就没有什么意义了。

2. 价格让步的幅度。价格让步直接关系到让步方的利益，理想的方式是每次做递减式让步，它能做到让而不乱，成功地遏止对方要求我方能无限制让步的想法。这是因为：

（1）每次让步都给对方一定的优惠，表现了让步方的诚意，同时保全了对方的面子，使对方有一定的满足感。

（2）让步的幅度越来越小，越来越困难，使对方感到我方让步不容易，是在竭尽全力满足对方的要求。

（3）最后的让步方式不大，是给对方以警告，我方让步到了极限；也有些情况下，最后一次让步幅度较大，甚至超过前一次，这是表示我方合作的诚意，发出要求签约的信息。

让步的基本规则是以小换大。为了达到这一目的，要事先充分准备在哪些问题上与对方讨价还价，在哪些方面可以做出让步，以及让步的幅度有多少。

3. 让步的方式。在谈判的过程中，赢者总是比输者能控制自己的让步程度，特别是在谈判快形成僵局时更为显著。谈判里的输者，往往无法控制让步的程度；赢者则是不停地改变自己的让步方式，令人难以揣测。让步策略方式通常可分为八种。

（1）最后一次到位。这是一种较坚定的让步方式。它的特点是在谈判的前期阶段，无论对方做何表示，我方始终坚持初始报价，不愿做出丝毫的退让。到了谈判后期或迫不得已的时候，却做出大步的退让。当对方还想要求让步时，我方又拒不让步了。这种让步方式往往让对方觉得我方缺乏诚意，容易使谈判形成僵局，甚至可能因此导致谈判的失败。因此，可把这种让步方式概括为"冒险型"。

（2）均衡。这是一种以相等或近似相等的幅度逐轮让步的方式。这种方式的缺点在于让对方每次的要求和努力都得到满意的结果，因此很可能会刺激对方要求无休止让步的欲望，而一旦让步停止就难说服对方，从而有可能造成谈判的中止或破裂。但是，如果双方价格谈判轮数比较多、时间比较长，这种"刺激型"的让步方式也可以显出优越性，每一轮都做出微小的但又带有刺激性的让步。把谈判时间拖得很长，往往会使谈判对手厌烦不堪、不攻自退。因此，可把这种让步方式称为"刺激型"。

（3）递增。这是一种让步幅度逐轮增大的方式。在实际的价格谈判中，应尽力避免采取这种让步方式，因为这样做的结果会使对方的期望值越来越高，每次让步之后，对方不但感到不满足，并且会认为我方软弱可欺，从而助长对方的谈判气势，诱发对方要求更大让步的欲望，使我方很有可能遭受重大损失。这种让步方式可以概括为"诱发型"。

（4）递减。这是一种让步幅度逐轮递减的方式。这种方式的优点在于：一方面让步幅度越来越小，使对方感觉我方是在竭尽全力满足其要求，也显示出我方的立场越来越强硬，同时暗示对方虽然我方仍愿妥协，但让步已经到了极限，不会再轻易做出让步了；另一方面让对方看来仍留有余地，使对方始终抱着把交易继续进行下去的希望。因此，可以把这种让步方式称为"希望型"。

（5）有限让步。这种让步方式的特点是：开始先做出一次巨大的退让，然后让步幅度逐轮减少。这种方式的优点在于：它既向对方显示出谈判的诚意和我方强烈的妥协意愿，同时又向对方巧妙地暗示出我方已尽了最大的努力，做出了最大的牺牲，因此进一步的退让已近乎不可能，从而显示出我方的坚定立场。这种让步方式可称为"妥协型"。

（6）快速让步。这是一种巧妙而又危险的让步方式。开始做出的让步幅度巨大，但在接下来的谈判中则坚持我方的立场，丝毫不做出让步，使我方的态度由骤软转为骤硬，同时也会使对方由喜变忧，又由忧变喜，具有很强的迷惑性。开始的巨大让步将会大幅度地提高买方的期望，不过接下来的毫不退让和最后一轮的小小让步会很快抵消这一效果。这是一种很有技巧的方法，它向对方暗示，即使进一步的讨价还价也是徒劳的。但是，这种方式也存在一定的风险性。首先，它把对方的巨大期望在短时间内化为泡影，可能会使对方难以适应，影响谈判顺利进行。其次，开始做出的巨大让步可能会使卖方丧失在高价位成交的机会。这种让步方式可称为"危险型"。

（7）退中有进。这种方式是一种更为奇特和巧妙的让步策略，因为它更加有力地、巧妙地操纵了对方的心理。第一轮先做出一个很大的让步，第二轮让步已经到了极限，但在第三轮却安排小小的回升（对方一般情况下当然不会接受），然后在第四轮里再假装被迫做出让步，一升一降，实际让步总幅度未发生变化，却使对方得到一种心理上的满足。这种让步方式可称为"欺骗型"。

（8）一次性。这是一种比较低劣的让步方式。在谈判一开始，就把我方所能做出的让步和盘托出，这不仅会大大提高对方的期望值，而且也没有给我方留出丝毫的余地。接下来的完全拒绝让步显得缺乏灵活性，容易使谈判陷入僵局。这种让步方式只能称为"低劣型"。

（四）最后出价策略

最后出价的时间应掌握好。如果在双方各不相让，甚至是在十分紧张的对峙状况下最后报价，无异于向对方发出最后通牒，很可能会使对方认为是一种威胁，危及谈判顺利进行。当双方就价格问题不能达成一致时，如果报价一方看出对方有明显的达成协议的倾向，这时提出最后的报价较为适宜。

当然，最后出价能够帮助，也能够损害提出一方的议价力量。如果对方相信，提出方就胜利了，如果不相信，提出方的气势就会被削弱。此时的遣词造句，与这一策略的成功与否休戚相关。

最后出价与最后时限是不可分割的，在谈判过程中，这两种技巧往往混合使用，只是在使用中侧重点不同而已。

1. 规定了最后时限，不是说可以让对方提出无限的要求，己方可以做出无限的让步，只要谈判在最后时限前结束就可以了；相反，在规定最后时限的同时，也一定给出了一个最后出价。所以，两者结合使用的本质是指在最后时限前、在最后出价的基础上结束谈判。

2. 规定了最后出价，也不是说谈判时间可以任意拖延下去，而是同时也规定了结束谈判的时间。只是由于侧重点不同，强调的方面不同，给人的印象也不同，好像有最后出价与最后时限的区别。

最后出价很容易把谈判双方逼到"不成功，则成仁"的境地，造成双方的对抗，导致谈判的破裂。一般说来，商务谈判中谈判者往往不愿意中断谈判。因为任何经理、老板都明白，市场竞争是何等激烈，一旦自己退出谈判，很可能有许多在旁的竞争者会乘虚而入，取代自己的位置。所以，在商务谈判中对待使用最后出价的战术，往往是慎之又慎的。

当谈判中出现以下情况时，可以考虑选择这一谈判技巧来达到自己的目标：

第一，谈判的一方处于极为有利的谈判地位，"皇帝的女儿不愁嫁"，对手只能找自己谈判，任何人都不能取代自己的位置。

第二，讨价还价到最后，所有的谈判技巧都已经使用过，均无法使对方改变立场，做出自己所希望的让步。

第三，讨价还价到这样一种情况，己方的让步已经到了极限，再做任何让步都将给己方带来巨大的损失，而对方还在无限制地提出要求。

案例分析

中韩丁苯橡胶出口讨价还价策略

中韩曾做过一笔交易，中方某公司向韩国某公司出口丁苯橡胶已有一年。第二年，中方公司根据国际市场行情将价格从前一年的成交价每吨下调了120美元（前一年为1 200美元/吨）。韩方感到可以接受，建议中方到韩国签约。

中方人员一行二人到了首尔该公司总部，双方谈了不到20分钟，韩方说："贵方价格仍太高，请贵方看看韩国市场的价格，两天以后再谈。"

中方人员回到饭店后有一种被戏弄的感觉，很生气。但人已来到首尔，谈判必须进行，中方人员通过有关协会收集到韩国海关丁苯橡胶的进口统计数据，发现韩国从哥伦比亚、比利时、南非等国进口丁苯橡胶量较大，从中国的进口量也不小，中方公司是占份额较大的一家。从价格方面来看，除中国产品外南非产品的价格最低，但仍高于中国产品的价格。在韩国市场的调查中，批发和零售价均高出中方公司现报价的30%～40%。市场价虽呈下降趋势，但中方公司的报价是目前世界市场上最低的。

为什么韩国人员还说价格高呢？中方人员分析，对手以为中方人员既然来了首尔，就肯定急于拿合同回国，可以借此机会再压中方一手。那么韩方会不会为了不急于订货而找理由呢？

中方人员分析，韩方若不急于订货，为什么邀请中方人员来首尔？再说韩方人员过去与中方人员打过交道，有过合同，且执行顺利，对中方工作很满意，这些人会突然变得不信任中方人员吗？从态度上来看不像，他们来机场迎接中方人员且晚上一起用餐，保持了良好的气氛。

从上述分析中，中方人员一致认为：韩方意在利用中方人员身处国外的心理，再次压价。根据这个分析，中方人员决定在价格条件上做文章。总之，态度应强硬（因为在来之前对方已表示同意中方报价），不怕空手而归。其次，价格条件还要涨回市场水平（即约1 200美元/吨）。再者，不必用几天给韩方通知，仅一天半就将新的价格条件通知韩方。

在一天半以后的中午之前，中方人员打电话告诉韩方人员："调查已结束，得到的结论是：我方来首尔前的报价低了，应涨回到去年成交的价格，但为了老朋友的交情可以下调20美元，而不再是120美元。请贵方研究，有结果请通知我们，若我们不在饭店，则请留言。"

韩方人员接到电话一个小时后，回电话约中方人员到其公司会谈。韩方认为，中方不应把价格再往上调。中方认为，这是韩方给的权力。我们按韩方要求进行了市场调查，结果应该涨价。韩方希望中方多少降些价，中方认为原报价已降到最低。经过几回合的讨论，双方同意按中方来首尔前的报价成交。这样，中方成功地使韩方放弃了压价的要求，按计划拿回合同。

思考题 ?

1. 在销售报价策略中存在报价的先后问题，你认为先报价有利还是后报价有利？为什么？

2. 在案例中，中方谈判人员恰当地运用了抬价压价战术，你认为在此战术的运用中，中方谈判人员表现了哪些谈判人员应该具备的心理素质？

分析提示：

中方出口丁苯橡胶的公司首先根据国际市场行情的变化提出降低出口产品的价格，这充分表明了中方的合作诚意。然而当中方的谈判人员到达首尔后却面对韩方进一步降价的要求。韩方之所以敢提如此要求，主要是认为中方的谈判人员已身在韩国，可能对韩国的市场行情并不了解。同时告诉中方可以调查韩国的市场，这实际上是将问题的解决抛给中方。这里面暗含了给中方的谈判代表施加压力的成分，因为谈判人员只有两个，又身在异国他乡，在给定的两天中进行市场调研谈何容易？中方谈判人员面对压力，表现出充足的耐心，沉着应战，在调研韩国市场的基础上分析韩方提出继续降价的真正原因。在此基础上中方采取反抬价的策略提前进行回击，打了韩方一个措手不及。最终，双方相互让步，按照最初中方提出的降价方案达成了协议。

案例分析 ◦◦◦→

中日汽车索赔讨价还价谈判

中日关于进口三菱汽车进行过索赔的谈判。1985 年 9 月，中国就日方提供的 5 800 辆三菱载重汽车存在严重质量问题，向日方三菱汽车公司提出索赔。日方在无可辩驳的事实面前，同意赔偿，提出赔偿金额为 30 亿日元。中方在指出日方报价失实后，提出中方要求赔偿的金额为 70 亿日元。此言一出，惊得日方谈判代表目瞪口呆。两方要求差额巨大，在中方晓以利害关系的前提下，日方不愿失去中国广阔的市场，同意将赔偿金额提高到 40 亿日元。中方又提出最低赔偿额为 60 亿日元，谈判又出现了新的转机。经过双方多次的抬价压价，最终以日方赔偿中方 50 亿日元，并承担另外几项责任而了结此案。

思考题 ？

1. 在实际的讨价还价中，递减的数额如何确定？
2. 最后的底线如何确定？

分析提示：

中方对日方三菱汽车的索赔采取的是典型的递减价格让步策略。中方首先提出索赔的金额为 70 亿日元并观察日方的反应，同时据理力争，在谈判未果的情况下降价 10 亿日元，再次晓以利害关系，又无果的情况下再次降价严守阵地，终于达成了协议。

在讨价还价中，双方都不能确定对方能走多远，能够承受的底线是什么，以及己方最终能得到什么。因此，时间越久，局势就会越有利于有信心、有耐力的一方。同时在可能持久的讨价还价中，灵活地运用谈判技巧，察言观色，沉着应战，这对于最大限度地争取己方的利益至关重要。

第五节　谈判僵局处理

谈判僵局是指在谈判过程中，当双方对所谈问题的利益要求差距较大，各方又都不肯做出让步，导致双方因暂时不可调和的矛盾而形成对峙，从而使谈判呈现出一种不进不退的僵持局面。谈判僵局出现后对谈判双方的利益和情绪都会产生不良影响。谈判僵局会有两种后果：打破僵局继续谈判或谈判破裂，当然，后一种结果是双方都不愿看到的。

一、谈判僵局产生的原因

（一）立场观点的争执

双方各自坚持自己的立场观点而排斥对方的立场观点，形成僵持不下的局面。

在谈判过程中，如果双方均认为己方的立场和观点是正确合理的，而对方的立场和观点是错误的，并且谁也不肯放弃自己的立场和观点，往往双方会出现争执，陷入僵局。

双方真正的利益需求被这种立场观点的争论所搅乱，而双方又为了维护自己的面子，不但不愿做出让步，反而用否定的语气指责对方，迫使对方改变立场观点，谈判就变成了不相容的立场对立。

谈判者出于对己方立场观点的维护心理，往往会产生偏见，不能冷静对待对方的观点和客观事实。双方都固执己见排斥对方，而把利益忘在脑后，甚至为了捍卫立场观点的正确而以退出谈判相要挟。

这种僵局如果处理不好，就会破坏谈判的合作气氛，浪费谈判时间，甚至伤害双方的感情，最终使谈判走向破裂。

立场观点争执所导致的僵局是比较常见的，因为人们很容易在谈判时陷入立场观点的争执而不能自拔，从而使谈判陷入僵局。

（二）面对强迫的反抗

一方向另一方施加强迫性条件，被强迫一方越是受到逼迫，就越不退让，从而形成僵局。

一方占有一定的优势，他们以优势者自居，向对方提出不合理的交易条件，强迫对方接受。被强迫一方出于维护自身利益或是维护尊严的需要，拒绝接受对方强加于己方的不合理条件，反抗对方强迫。这就使双方僵持不下，谈判陷入僵局。

（三）信息沟通的障碍

信息沟通障碍指双方在信息交流过程中由于主客观原因所造成的理解障碍。信息沟通障碍使谈判双方不能准确、真实、全面地进行信息、观念、情感的沟通，甚至会产生误解和对立情绪，使谈判不能顺利进行下去。谈判过程是一个信息沟通的过程，只有双方信息实现正确、全面、顺畅的沟通，才能互相深入了解，才能正确把握和理解对方的利益和条件。但是实际上，双方的信息沟通会遇到种种障碍，造成信息沟通受阻或失真，使双方产生对立，从而陷入僵局。

信息沟通障碍主要表现为：①由于双方文化背景差异所造成的观念障碍、习俗障碍、语言障碍；②由于知识结构、教育程度的差异所造成的问题理解差异；③由于心理、性格差异所造成的情感障碍；④由于表达能力、表达方式的差异所造成的传播障碍等。

（四）谈判者行为的失误

谈判者行为的失误，常常会引起对方的不满，使其产生抵触情绪和强烈的对抗，使谈判陷入僵局。例如，个别谈判人员工作作风、礼节礼貌、言谈举止、谈判方法等方面出现严重失误，触犯了对方的尊严或利益，就会使对方产生对立情绪，使谈判很难顺利进行下去，造成很难堪的局面。

（五）偶发因素的干扰

在谈判所经历的一段时间内有可能出现一些偶然发生的情况。当这些情况涉及谈判某一方的利益得失时，谈判就会由于这些偶发因素的干扰而陷入僵局。例如，在谈判期间外部环境发生突变，某一谈判方如果按原有条件谈判就会蒙受利益损失，于是他便推翻已做出的让步，从而引起对方的不满，使谈判陷入僵局。

谈判中出现僵局是很自然的事情，虽然谈判双方都不希望出现这种局面，但是出现僵局也并不可怕。面对僵局不要惊慌失措或情绪沮丧，更不要一味指责对方没有诚意，要弄清楚僵局产生的真实原因是什么，分歧点究竟是什么，谈判的形势怎样，然后运用有效的策略、技巧突破僵局，使谈判顺利进行下去。

二、谈判僵局的破解

（一）回避分歧，转移议题

当双方对某一议题产生严重分歧且都不愿意让步而使谈判陷入僵局时，一味地争辩解决不了问题。可以回避有分歧的议题，换一个新的议题与对方谈判。这样做有两点好处：

1. 可以争取时间先进行其他问题的谈判，避免长时间的争辩耽误宝贵的时间。

2. 当其他议题经过谈判达成一致之后，对有分歧的问题会产生正面影响，再回过头来谈陷入僵局的议题时，气氛会有所好转，思路会变得开阔，问题的解决也会比以前容易得多。

（二）尊重客观，关注利益

谈判双方各自坚持己方的立场和观点，主观认识的差异导致谈判陷入僵局。这时候处于激烈争辩中的谈判者容易脱离客观实际，忘掉大家的共同利益是什么。所以，当谈判陷入僵局时，首先要克服主观偏见，从尊重客观事实的角度看问题，关注己方的整体利益和长远目标，而不要一味追求论辩的胜负。如果由于某些枝节问题争辩不休而导致僵局，这种争辩是没有多大意义的。即使争辩的是关键性问题，也要客观地评价双方的立场，充分考虑对方的利益和实际情况，认真冷静地思索己方如何才能实现比较理想的目标。改变一味希望通过坚守自己的阵地来"赢"得谈判的做法，这样才能静下心来面对客观实际，为实现双方共同利益而设法打破僵局。

（三）多种方案，选择替代

如果双方仅仅采用一种方案进行谈判，当这种方案不能为双方同时接受时，就会出现僵局。实际上谈判中往往存在多种满足双方利益的方案。在谈判准备期间就应该准备出多种可供选择的方案。一旦一种方案遇到障碍，就可以提供其他的备用方案供对方选择，使"山重水复疑无路"的局面转变成"柳暗花明又一村"的好形势。谁能够创造性地提供可供选择的方案，谁就能掌握谈判的主动权。当然这种替代方案要既能维护己方切身利益，又能兼顾对方的需求，这样才能使对方对替代方案感兴趣，进而从新的方案中寻找双方的共识。

案例分析 ◦◦◦◦⟶

一个橙子的价值

有一个妈妈把一个橙子给了邻居的两个孩子。这两个孩子便讨论起来如何分这个橙子。两个人吵来吵去，最终达成了一致意见，由一个孩子负责切橙子，而另一个孩子选橙子。结果，这两个孩子按照商定的办法各自取得了一半橙子，高高兴兴地拿回家去了。第一个孩子把半个橙子拿到家，把皮剥掉扔进了垃圾桶，把果肉放到果汁机上打果汁喝。另一个孩子回到家把果肉挖掉扔进了垃圾桶，把橙子皮留下来磨碎了，混在面粉里烤蛋糕吃。

从上面的情形，我们可以看出，虽然两个孩子各自拿到了看似公平的一半，但他们各自得到的东西却未物尽其用。在这个事例中他们事先并未做好沟通，即两个孩子并没有申明各自的利益所在。没有事先申明价值导致了双方盲目追求形式上和立场上的公平，结果，双方各自的利益并未在谈判中实现最大化。

试想，两个孩子充分交流各自所需，或许会有多个方案和情况出现。可能的一种情况，就是遵循上述情形，两个孩子想办法将皮和果肉分开，一个拿到果肉去榨果汁，另一个拿皮去做烤蛋糕。然而，也可能经过沟通后是另外的情况，例如恰恰有一个孩子既想要皮做蛋糕，又想喝橙子汁。这时，如何能创造价值就非常重要了。

结果，想要整个橙子的孩子提议可以将其他的问题拿出来一块谈。他说："如果把这个橙子全给我，你上次欠我的棒棒糖就不用还了。"其实，他的牙齿被蛀得一塌糊涂，父母上星期就不让他吃糖了。

另一个孩子想了想，很快就答应了。他刚刚从父母那儿要了五块钱，准备买糖还债。这次他可以用这五块钱去打游戏，才不在乎这酸溜溜的橙子汁呢。

两个孩子的谈判过程实际上就是不断沟通、创造价值的过程。双方都在寻求对自己最大利益的方案的同时，也满足了对方的最大利益需要。

谈判的过程实际上也是一样。好的谈判者并不是一味固守立场，追求寸步不让，而是要与对方充分交流，从双方的最大利益出发，创造各种解决方案，用相对较小的让步来换得最大的利益，而对方也是遵循相同的原则来取得交换条件。在满足双方最大利益的基础上，如果还存在达成协议的障碍，那么不妨站在对方的立场上，替对方着想，帮助扫清达成协议的一切障碍。这样，最终的协议是不难达成的。

思考题？

1. 怎样分橙子才能体现最大利益价值？
2. 试提出多种分橙子替代方案。

分析提示：

申明价值可以使我们了解谈判双方的各自需求；创造价值可以使我们达到双赢的目的；克服障碍可以使我们顺利达成协议。

（四）尊重对方，有效退让

当谈判双方各持己见互不相让而陷入僵局时，谈判人员应该明白，坐到谈判桌上的目的是为了达成协议实现双方共同利益，如果促使合作成功所带来的利益要大于固守己方立场导致谈判破裂的损失，那么必要的妥协退让就是聪明有效的做法。采取有效退让的方法打破僵局基于以下三点认识：

1. 己方用辨证的思考方法，明智地认识到可以在某些问题上稍做让步，而在其他问题上争取更好的条件；在眼前利益上做一点牺牲，可以换取长远利益；在局部利益上稍做让步，可以保证整体利益。

2. 己方多站在对方的角度看问题，消除偏见和误解，对己方一些要求过高的条件做出一些让步。

3. 这种主动退让姿态向对方传递了己方的合作诚意和对对方的尊重，促使对方在某些条件上做出相应的让步。如果对方仍然坚持原有的条件寸步不让，证明对方没有诚意，己方就可以变换新的策略，调整谈判方针。

（五）冷却处理，暂时休会

当谈判出现僵局而一时无法用其他方法打破僵局时，可以采用冷却处理的方法，即暂时休会。由于双方争执不下，情绪对立，暂时休会有利于双方冷静下来进行进一步思考。

1. 休会以后，双方情绪平稳下来，可以冷静地思考一下双方的分歧究竟是什么性质，对前一阶段谈判进行总结，考虑一下僵局会给己方带来什么利益损害，环境因素有哪些发展变化，谈判的紧迫性如何等。

2. 可以在休会期间向上级领导做汇报，请示一下高层领导对处理僵局的指导意见，对某些让步策略的实施授权给谈判者，以便谈判者采取下一步的行动。

3. 可以在休会期间让双方高层领导进行接触，融洽一下双方的关系。

4. 休会期间可以组织双方谈判人员参观游览、参加宴会、舞会和其他娱乐活动。活动中双方在轻松愉快的气氛中进行无拘无束的交流，进一步交换意见，重新营造友好合作、积极进取的谈判气氛。经过一段时间的休会，当大家再一次坐到谈判桌前的时候，比较容易沟通，僵局也就有可能随之被打破了。

（六）以硬碰硬，据理力争

当对方提出不合理要求，制造僵局，给己方施加压力时，特别是在一些原则问题上表现得蛮横无理时，要以坚决的态度据理力争。因为这时如果做出损害原则的退让和妥协，不仅损害己方利益和尊严，而且会助长对方的气焰。所以，己方要明确表示拒绝接受对方的不合理要求，揭露对方故意制造僵局的不友好的行为，使对方收敛起蛮横无理的态度，自动放弃不合理的要求。

首先，要体现出己方的自信和尊严，不惧怕任何压力，追求平等合作的原则。

其次，要注意表达的技巧性，用绵里藏针、软中有硬的方法回击对方，使其自知没趣，主动退让。

（七）孤注一掷，背水一战

当谈判陷入僵局时，己方认为自己的条件是合理的，无法再做让步，而且又没有其他可以选择的方案，可以采用孤注一掷，背水一战的策略。

将己方条件摆在谈判桌上，明确表示自己已无退路，希望对方能做出让步，否则情愿接受谈判破裂的结局。当谈判陷入僵局而又没有其他方法解决的情况下，这个策略往往是最后一个可供选择的策略。

在做出这一选择时，己方必须做好最坏的打算，做好承受谈判破裂的心理准备。因为一旦对方不能接受己方条件，就有可能导致谈判破裂。在己方没有做好充分的准备时，在己方没有多次努力尝试其他方法打破僵局时，不能贸然采用这一方法。

这种策略使用的前提条件是：①己方的要求是合理的，而且也没有退让的余地，因为再退让就损害了己方的根本利益；②己方不怕谈判破裂，不会用牺牲企业利益的手段去防止谈判破裂。

如果对方珍惜这次谈判和合作机会，在己方做出最后摊牌之后，有可能选择退让的方案，使僵局被打破，达成一致的协议。

案例分析 ◦◦◦⇒

孤注一掷的画商

在比利时某画廊曾发生过这样一件事：一位美国商人看中了印度画商带来的三幅画，标价均为 2 500 美元。美国商人不愿出此价钱，双方各执己见，谈判陷入僵局。

终于，那位印度画商被惹火了，怒气冲冲地跑出去，当着美国人的面把其中的一幅画烧掉了。美国商人看到这么好的画被烧掉，十分心痛，赶忙问印度画商剩下的两幅愿意卖多少价，回答还是 2 500 美元，美国商人思来想去，拒绝了这个报价，这位印度画商心一横，又烧掉了其中一幅画。美国人只好乞求他千万别再烧掉最后那幅画。当再次询问这位印度画商愿以多少价钱出售时，卖主说："最后这幅画只能是三幅画的总价钱。"最终，这位印度画商手中的最后一幅画以 7 500 美元的价格拍板成交。

思考题 ?

1. 印度画商为什么烧掉两幅画？是冲动还是聪明之举？

2. 如何使用背水一战策略打破僵局？其风险程度如何？

分析提示：

1. 印度画商之所以烧掉两幅画，目的是刺激那位美国商人的购买欲望，因为他知道那三幅画都出自名家之手，烧了两幅，物以稀为贵，不怕他不买剩下的最后一幅。

2. 美国商人是真心喜欢收藏古董字画的，所以，宁肯出高价也要买下这幅珍宝。

三、解决利益冲突，避免陷入僵局

由于谈判中双方都想获得自身利益的最大化，谈判陷入僵局乃至最终破裂有时是难以避免的。每逢此时，只有采取有效措施加以解决，才能使谈判顺利完成，取得成功。

（一）处理利益冲突的基本原则

1. 将人的问题与实质利益相区分。谈判的利益冲突往往不在于客观事实，而在于人们的想法不同。在商务谈判中，当双方各执己见时，往往双方都是按照自己的思维定势考虑问题，这时谈判往往出现僵局。

在谈判中，如果双方出现意见不一致，可以尝试以下六种处理问题的方法：

（1）不妨站在对方的立场上考虑问题；

（2）不要以自己为中心臆断对方的意图；

（3）相互讨论彼此的见解和看法；

（4）找寻化解冲突的机会；

（5）一定要让对方感觉到参与了谈判达成协议的整个过程，协议是双方想法的反映；

（6）在协议达成时，一定要给对方留面子，尊重对方人格。

2. 换个角度考虑问题是谈判中最重要的技巧之一。不同的人看问题的角度不一样。人们往往用既定的观点来看待事实，对与自己相悖的观点往往加以排斥。彼此交流不同的见解和看法，站在对方的立场上考虑问题，并不是让一方遵循对方的思路解决问题，而是这种思维方式可以帮助你找到问题的症结所在，最终解决问题。

（二）处理谈判双方利益冲突的关键

1. 创造双赢的解决方案。很多人在小的时侯都做过这样一道智力测验题：有一块饼干，让你和妹妹分，怎样才能分得公平呢？答案就是自己先把它分成两部分，分的标准是自己觉得得到其中哪部分都不吃亏，然后让妹妹来选。这是一个典型的双赢态势。就像这道智力题的解答一样，解决利益冲突的关键在于找到一个双赢的方案。

谈判的结果并不是"你赢我输"或"你输我赢"，谈判双方首先要树立双赢的观念。一场谈判的结局应该使谈判的双方都要有"赢"的感觉。采取什么样的谈判手段、谈判方法和谈判原则来达到谈判的结局对谈判各方都有利，这是商务谈判的实质追求。

2. 找出双方实质利益之所在。应用一些双方都认可的方法来寻求最大利益的实现。双赢在绝大多数的谈判中都应该是存在的。创造性的解决方案可以满足双方利益的需要。这就要求谈判双方能够识别共同的利益所在。每个谈判者都应该牢记：每个谈判都有潜在的共同利益；共同利益就意味着商业机会；强调共同利益可以使谈判更顺利。

3. 应注意谈判双方兼容利益的存在。为了有效地寻找双赢的方案，可以从以下几个方面入手：

（1）将方案的创造与对方案的判断行为分开。谈判者应该先创造方案，然后再决策，不要过早地对解决方案下结论。比较有效的方法是采用"头脑风暴"式的小组讨论，即谈判小组成员彼此之间激发思想，创造出各种想法和主意，而不是考虑这些主意是好还是坏，是否能够实现。然后再逐步对创造的想法和主意进行评估，最终决定谈判的具体方案。在谈判双方是长期合作伙伴的情况下，双方也可以共同进行这种小组讨论。

（2）充分发挥想象力，扩大方案的选择范围。在上述小组讨论中，参加者最容易犯的毛病就是，觉得大家在寻找最佳的方案。而实际上，在激发想象阶段并不是寻找最佳方案的时候，要做的就是尽量扩大谈判的可选择余地。此阶段，谈判者应从不同角度来分析同一个问题。甚至可以就某些问题和合同条款达成不同的协议。如不能达成永久协议，可以达成临时协议；不能达成无条件协议，可以达成有条件协议等。

（3）替对方着想，让对方容易做出决策。如果你能让对方觉得解决方案既合法又正当，对双方都公平，那么对方就很容易做出决策，你的方案也就获得了成功。

（三）借助客观标准，最终解决谈判利益冲突问题

在谈判过程中，双方在了解彼此的利益所在后，绞尽脑汁为双方寻求各种互利的解决方案，也非常重视与对方发展关系。但是棘手的利益冲突问题依然不是那么容易解决的。这种情况下，双方就某一个问题争执不下，互不让步，即使强调"双赢"也无济于事。此时，客观标准的使用在商务谈判中就起到了非常重要的作用。

例如，对于谈判中经常遇到的价格问题，当双方无法达成协议时，可以参照一些客观标准，如市场价值、替代成本、账面价值等。此种方式在实际谈判中非常有效，可以不伤和气地快速取得谈判成果。在价格问题上的利益冲突可以这样解决，其他问题同样也可以运用客观标准来解决。

在谈判中，谈判者运用客观标准时应注意以下几个问题：

（1）建立公平的标准。商务谈判中，一般应遵循的客观标准有：市场价值、科学的计算、行业标准、成本、有效性、对等原则、相互原则等，客观标准的选取要独立于双方的意愿，公平合理，并且在理论和实践中均是可行的。

（2）建立公平的利益分割方法。如大宗商品贸易由期货市场定价进行基差交易；在两位股东持股相等的投资企业中，委派总经理采取任期轮换法等。

（3）将谈判利益的分割问题局限于寻找客观依据。在谈判中，多问对方：你提出这个方案的理论依据是什么？为什么是这个价格？你是如何算出这个价格的？

（4）善于阐述自己的理由，也接受对方合理正当的客观依据。一定要用严密的逻辑推理来说服对手。对方认为公平的标准必须对你也公平。运用你所同意的对方标准来限制对方漫天要价，甚至于两个不同的标准也可以谋求折中。

（5）不要屈从于对方的压力。来自谈判对手的压力可能是多方面的，如贿赂、最后通牒、以信任为借口让你屈从、抛出不可让步的固定价格等。但无论哪种情况，都要让对方陈述理由，讲明所遵从的客观标准。

案例分析 ⚬⚬⚬⇨

精品时尚外贸店转让谈判

四名大学生为开一家精品时尚外贸店，与前店主进行了一场谈判，看似并不复杂的谈判过程，其实充满了技巧和智慧。

在阳光城商业中心闪耀着一家名叫 DEMON 的精品时尚外贸店，20××年6月1日开业，合伙人有某校市场营销专业的 Sofia、阿梅以及统计系的李棵和胖子。他们亲切地称 DEMON 为"自家的儿子"。这个店诞生前的孕育过程虽然短暂，但是相当富有戏剧性。

盘店，指从前店主处接手店铺进行租用的行话，店铺转让的下家是必须向原店主交盘店费的，租金另算。值得注意的是，如果前任店家的租用期到了，无人向其租用，只能退出，新店主向房东直接租门面，只准备房租即可。

DEMON 店的前任店主秦鹏等人正面临房租到期的状况，铺面急于出手。这年5月中旬，Sofia 等人向秦鹏等人提出盘店意向，双方谈判在即。

谈判过程如下：

20××年5月18日，双方在现 DEMON 店铺中开始谈判。

一开始，卖家具体介绍了店内的基本状况和装修情况，包括面积、水电、墙面、地板、货架、付款台以及其他装饰品，装修成本近 2 万元。卖家以行业熟手的姿态，为开价说明了事实根据，算是恰到好处地拉开了谈判序幕。买家并未被卖家高屋建瓴的气势所压倒，而是提出质疑："店面装修的确有特色和个性，但是我们无从考证装修的成本，更何况目前的装修风格不一定会用到将来我们店的经营中。所以请介绍一下该店铺的其他方面。"

卖家看出了买家虽然是初来乍到，但并不是冲动情感型的租铺者，于是开口询问买家对于开店的想法。买家谈判者李棵实事求是地说："我们都是跳街舞的，开店也主要是搞街舞用品和轮滑用品之类的时尚产品。"卖家对这一关键信息立即做出反应："你们跳街舞的最重要的就是服饰，这店以前就是做服饰的，你们接手以后可以直接做。并且不是每个人都喜欢那种夸张风格，你们还是应该卖一些比较大众的外贸服装，现在店里的货你们就可以直接拿去卖。"买家明白，这是卖家打算把店铺卖给他们的同时，再让他们把存货盘下来，这又是一项成本支出。卖家继续："我在广东和成都等地都有货源，开店以后，可以帮你们拿货，渠道短，保证最低价。"

此时，买家就其他方面发表意见："不过这里位置太偏了，在整条街的尾巴上，而且是个拐角，怎么会有客流？"秦鹏解释说："后面的金巴黎 3 期工程 10 月份就完工。到时玛利影院、德克士等会入驻，这里将会成为商业中心，不用担心客流。"

"不，在做生意时我们要把一切考虑清楚，如果有那么长一段时间的萎靡期，我们为什么不选择一个开店就能赢利的地理位置呢？"买家表明态度，双方在认定铺面价值上陷入僵局。卖家坚说买家疑虑过多，该铺面是个黄金口岸。买家则认为有待于做更多的考察。

"那这个店子，你打算卖多少钱？"买家成员试探性地询问。

卖家拿出早就拟好的价单说："渠道＋现货＋铺子 55 000 元；现货＋铺子 45 000 元；铺子 35 000 元"。了解价格之后，买家表示要再做商量。

买家要求卖家重新报价并对价格所含内容进行解释。卖家回应："如果付渠道费，那我将最低成本给你们供货；如果付了货款，店里一切物品都是你们的；如果只是铺款，就只给你们空铺。"买家立即做出反应。首先，我们不能保证你供的货是否符合我们的要求；其次，我们无法确定你拿货的价格；最后，我们不认为铺子的价值值 35 000 元那么多，并且马上就是 6 月份，有些学校已经放假了，7，8 月份是暑假，根本就没有人，我们认为你的价格太高了。

卖家反问道："你们认为多少钱合适？"买家不紧不慢地说，"目前最多拿出 20 000 元，并且我们十分想要你的渠道……"

卖方淡然一笑说："到哪里 20 000 元也找不到一个像样的铺子。"买家不依不饶："如果那么贵的价钱，我们可以找其他地理位置更好的铺子。"

这一招很奏效，顿时把卖家将住了。卖家自知铺租即将到期，转而以恳切的态度征询："你们最多能给多少钱？20 000 元真的太低了。"

买家看出了卖家的软肋所在，毫不退让。卖家无奈表示只能同意 20 000 元给他们空铺。

买家立即反对，表示要求留下货品，最好再把渠道给他们。卖家濒临崩溃的边缘，说道："如果加货品和渠道，最低 35 000 元。"买家答应并表示，目前还是只有 20 000 元，

15 000元于1个月后支付。

双方签订协议，谈判告终。

分析如下：

谈判背景：

卖家：DEMON店的前任店主秦鹏等人正面临房租到期的状况，铺面急于出手。

买家：在众多选择中可以择优选择。

限制条件：如果前任店家的租用期到了，无人向其租用，只能退出，新店主向房东直接租门面只准备房租即可。

从整个谈判的大背景可以看出双方所处的优劣位置，那么接下来重要的就是双方如何从对话中获得对方的真实情况，以便决策。

谈判开始：由于卖家开门见山式的专业讲解，给对方压力，似乎可以保持自己的一些优势，而买家很有耐心，并未被卖家高屋建瓴的气势所压倒，而是提出质疑，这样本来就处于不利地位的卖家，其优势一下子就消减了很多。转而卖家开始改变策略，开始询问对方开店的想法，试图从中收集情报。得知对方的开店想法后，卖家马上抛出一连串的信息，来向买家说明自己的优势，但是过多的信息似乎在对买家透露出他急于将店铺出手的信息，这样无形中将卖方的真实信息透露给了买方。

相互试探：此时，买家决定不再听卖家的"商品"推销，开始转换策略，把问题集中在铺面上。其实这只是买家的推托之词，只是为后面的价格协商做铺垫，以便使自己处于有利的地位。而此时卖家也明白这层意思，所以用有力的根据反驳了买家。

陷入僵局：双方各说各话，无法达成共识。所以买家首先为了打破僵局，开始引入新一轮的博弈：价格。此时我们应该注意，是买家首先询问卖家价格，买家处于有利的地位，而卖家的反应是马上抛出自己已经计划好的价格，却没有预留给自己足够的空间以便对方压价。于是初次谈判就结束了，但是买家意识到真正的较量还在后面，盘店金额的谈判才是根本。

深入博弈：买家要求卖家重报价一次并对价格所含内容进行解释。买家再一次抓住主动权，卖家在被买家牵着鼻子走。然后就是价格的妥协，当卖家询问买家能给出的价格时，买家不紧不慢地报出了一个与卖家提出的价格相差甚多的价格，而且顺带了一个附加条件。这时买家已经收集到足够多的对方信息，只是在不断的探视对方的价格底线，而自己只是从中做出判断和选择最优的价格。卖家继续挣扎，却早已被买家洞悉，并指出对方的软肋，逼迫卖家做出价格让步。卖家努力去试探，希望可以提高价格，而买家以静制动，毫不退让。此时，卖家做出了非常不明智的决定，那就是完全向买家提出的条件妥协，而不懂得让步时一定要求对方回报。充分向买家显示自己的弱点，更加处于被动的局面。买家乘胜追击，最终大获全胜，而且还获得了分期付款的好处。

针对这场谈判，总结如下：

（1）在谈判时，一定不能暴露自己的弱点；

（2）确定价格后，索要尽可能多的优惠；

（3）付款在合理的情况下越晚越好。

案例分析 ◦◦◦⟶

掌握关键信息，谈判中取得主动

日本某公司向中国某公司购买电石。此时是两家公司交易的第五个年头，去年谈价时，日方迫使中方每吨降价30美元，今年每吨又要压价20美元，即从410美元/吨压到390美元/吨。据日方讲，他已拿到多家的报价，有430美元/吨，有370美元/吨，也有390美元/吨。据中方了解，370美元/吨是个体户报的价，430美元/吨是生产能力较小的工厂供的货，供货厂的厂长与中方公司的代表共4人组成了谈判小组，由中方公司代表做主谈。会谈前，工厂厂长与中方公司代表达成了共同的价格意见，工厂可以在390美元/吨成交，因为工厂需单连续生产。公司代表讲，对外不能说，价格水平我会掌握。公司代表又向其主管领导汇报，分析价格形势；主管领导认为价格不取最低，因为我们是大公司，讲质量，讲服务。谈判中可以灵活，但步子要小。若在400美元/吨以上拿下则可成交，拿不下时把价格定在405~410美元/吨之间，然后主管领导再出面谈，并请工厂配合。

中方公司代表将此意见向工厂厂长转达，并达成共识，和工厂厂长一起在谈判桌上争取该条件。

在谈判开始后，双方人员彼此做了介绍，并马上投入了技术性的谈判，中方商务人员利用谈判休息时间，对日方技术人员表示赞赏，"熟悉技术，表述清楚，水平不一般，我们就欢迎这样的专家"。该技术人员很高兴，表示他在公司的地位重要，知道的事也多。中方商务人员顺势问道："贵方主谈人是你的朋友吗？""那还用问，我们常在一起喝酒，这次与他一起来中国，就是为了帮助他。"他回答得很干脆，中方又顺势问了一句："为什么非要你来帮助他，没有你就不行吗？"日方技术员迟疑了一下："那倒也不是，但这次他希望成功，这样他回去就可升为本部部长了"。中方随口跟上："这么讲，我也得帮助他了，否则，我就不够朋友了。"

在此番谈话后，中方认为对方主谈为了晋升，一定会全力以赴地要求谈判的结果——合同。于是，在谈判中巧妙地加大压力，谨慎地向前推进，经过数轮交锋，价格仅降了10美元/吨，在400美元/吨成交，比工厂厂长的成交价高了10美元/吨，成功地实现了目标。同时，也使对方得到合同和升迁的机会，工厂代表十分满意，日方也满意。

思考题 ？

1. 怎么评价该谈判结果？

2. 该谈判中中方组织与主持上有何经验可供借鉴？

3. 中方使用什么方法搜集到了谈判信息？该信息属于哪一类别的谈判信息？

4. 中方怎样加工谈判信息？

5. 中方怎样利用谈判信息?

6. 日方在谈判信息的管理上存在什么问题?

分析提示:

1. 谈判结果基本上应肯定,因为仍处在中高档的价格水平。

2. 中方组织上基本成功,主要原因:市场调查较好——定性分析与定量分析相结合;分工明确——价格由公司代表谈;准备方案到位——有线、有审、有防。利用提问法得到信息,该信息属于非公开信息。

3. 中方对信息做了证实和再加工工作。

4. 中方采取暗示方法传递信息,使对手努力配合争取合同,争取升迁机会。

5. 日方在信息保密问题上存在问题。

第六章
正式谈判阶段——谈判成交

成交阶段是指双方在主要交易条件基本达成一致后，到协议签订完毕之前的阶段。成交阶段的开始，并不代表谈判双方的所有问题都已解决，而是指提出成交的时机已经到了。实际上，这个阶段双方往往需要对价格及主要交易条件进行最后的谈判和确认，但是此时双方的利益分歧已经不大了，可以提出成交了。成交阶段的主要任务是对前期谈判进行总结回顾，进行最后的报价和让步，以促使成交、拟定合同条款及对合同进行审核与签订等。

第一节　谈判终结

谈判中，总有一些迹象表明谈判已经进入最后阶段。如果成交时机已经出现，但谈判者并未意识到这一点，反而继续长篇大论地说下去，致使对方兴致索然，就可能导致谈判告吹。优秀的谈判者是那些善于感知他人态度变化的人，他能从各种迹象中判定成交的趋势。

一、正确判定谈判终结时机

（一）从谈判涉及的交易条件来判定

从交易条件判定，即以谈判双方交易条件解决的状况来判定谈判是否终结的做法。这需要先将所有可谈判的条件量化，然后以量级判定谈判是否进入终结阶段。

1. 考察交易条件中尚余留的分歧量。分歧量是指经过磋商后谈判双方尚存的分歧总量，包括分歧的数量与分量。当分歧量占极小部分时，才可判定进入谈判终结阶段。有两种情况符合终结条件：

（1）双方已达成一致的条件占大部分，剩余分歧占小部分；

（2）谈判在关键问题上已达成共识，仅在次要问题上有分歧。

2. 考察谈判对手交易条件是否进入己方成交线。成交线是指己方接受的最低交易条件，即达成协议的下限，当对方已同意的条件总和进入己方内定的成交线时，谈判自然进入终结阶段。

3. 考察双方在交易条件上的一致性。一致性是指交易条件全部或基本达成一致，只剩余个别问题需做技术性处理的情况。谈判达到这一状况，谈判即告终结。

（二）从谈判时间来判定

谈判时间包括谈判所需、所花、所限的时间。从谈判时间可以判断双方谈判终结阶段。

1. 双方约定的谈判时间，即谈判所需时间，是谈判开始前双方就约定的时间。当约定时间用完，谈判也应该终结。

2. 单方限定的谈判时间，即一方提出的谈判的时间，谈判某一方提出自己可以参加谈判的时间，该时间是谈判终结的另一个标志。

3. 形势突变的谈判时间。竞争性谈判中，当谈判有竞争性第三方参与，谈判时间受竞争者影响，竞争者的条件变化即成为判定谈判终结的标志。

（三）从谈判策略来判定

从谈判策略来判定谈判是否进入终结阶段，即指谈判中如果运用某项策略，即预示谈判终结。这里的策略不是普通的谈判策略，而是特定的策略，其做法与影响可对谈判产生最终的冲击力，因而具有终结谈判的信号作用。判定谈判终结的策略有最后立场策略、折衷进退策略和总体条件交换策略。

案例分析 ∘∘∘⟶

意义深远的"两秒"

2017 年是香港回归二十周年。20 年前香港交接仪式，为争两秒钟谈判 16 轮，中英较量到最后一刻。为了能够让这面五星红旗按时升起，中国国旗必须在 1997 年 7 月 1 日的零时零分零秒准时升起。这是中央交给香港政权交接仪式筹备小组的一个重中之重的任务。

1997 年 6 月 30 日 23 时 40 分至 7 月 1 日零时 20 分，中英两国政府香港政权交接仪式在著名的香港会议展览中心举行，香港终于回归祖国。这段半个多小时的交接仪式，隆重、得体、热烈、有条不紊，让人记忆犹新。

中国资深外交官、前外交部礼宾司司长安文彬，讲述了香港回归的前半年，1997 年年初接到筹划香港回归交接仪式的筹备任务，他承载着国家的使命，满怀着谈判心情和必胜信念去谈判的真实经历。

1996 年年底，安文彬率领交接仪式筹备小组进入香港开始前期工作。然而，如此主权交接世界上尚无任何一个国家或地区举办过类似的交接仪式的先例。于是，一切只能由自己设计策划。在具体安排中，最关键的是要完成中央交给筹备组的一个重要任务：确保中国国旗必须要在7月1日的零时零分零秒准时升起，让香港的主权准时回归祖国。

这个任务看似简单，实际上却困难重重。由于在1日之前香港被英国实际管辖，因此所有工作必须得到英方的协作才能确保一切顺利进行，才能让五星红旗准时升起。安文彬回忆说，当时为了确保英国方面在这一点上的合作，他领导着筹备组的其他成员，与英方代表戴维斯进行了大约10次正式谈判。

有时候，正式谈判陷入僵局，双方就只能举行非正式的外围谈判。非正式会谈举行了多少次，他已经无法记清了。安文彬解释说，英国要把香港这只"金鸡"归还给中国，心里本来就极不情愿，如果再让中国在全世界的注目下风光地接手香港，英国方面心里就更酸楚了。因此，在交接仪式的具体安排上，英方设置了众多障碍，一开始英方说，英中关于香港回归的协议上，只说1997年7月1日香港主权回归中国，并没有规定几分几秒的具体什么时间。而中方则据理力争，说7月1日就是从零时零分零秒开始的。安文彬说，当时他们也憋着一口气，"要把被别人占领150多年的领土收回，寸土不让，秒秒必争"。谈判进行得非常艰难。

英方在我交涉之后，曾表示英国的国旗将在零时零分零秒降下，至于中方国旗何时升起，英方不做评论。为此，我方又与英方进行多轮谈判，最后英方只同意在30日11时59分59秒将英国国旗降下。"这样的话，给我们准备升旗的时间也只有一秒钟！国旗升起同国歌奏响应同步，而我军乐团指挥的指挥棒抬起就需要两秒，也就是说英国国旗必须在6月30日11时59分58秒降下，才能保证我国旗在零时零分零秒准时升起。"在这样的情况下，安文彬觉得不能再允许英国方面兜圈子找借口了。他直言不讳地对英方代表说："香港已经被你们占领了150多年！而现在我要的只是2秒钟，你却是这样无理相拒。我认为英方这种态度不仅中国人不能容忍，世人也是不能容忍的。"

眼见这次谈判又要成为僵局，英方代表戴维斯急忙把安文彬带去另一个房间缓和气氛。他们俩坐在沙发上，你一言我一语，又交锋了几个回合，戴维斯终于亮出底牌。他表示，英国的旗帜可以在6月30日11时59分58秒降下，甚至还可以提前。但中方必须保证，中国国旗一定要在7月1日零时零分零秒升起，决不能提前。听到此言，安文彬当即表示同意，于是"拉着戴维斯的手"回到谈判桌前，由戴维斯正式陈述方案，中方正式回应。

二、谈判终结的信号

谈判成交要善于把握好的时机，捕捉可以终结的信号。以销售谈判为例，当客户出现终结信号或终结特征时应提出成交签约。

(一) 语言信号

语言信号包括客户了解销售情形、售后服务、征求合伙人意见、指出质量疑问，提出成交条件等。

1. 如果你的谈判对手问你："你们多快能将货物运来？"这就是一种有意表现出来的真正感兴趣的迹象。它告诉你成交的时机已到，即使你的推荐活动还没完，也不需要再啰嗦了。

2. 谈判对手的另一些话也能提醒你成交的时间。当他询问价格时，就说明他兴趣极浓；当他询问条件时，就说明他实际上已经做出成交的决定。

（二）行为信号

行为信号包括不再发问，不断点头，仔细了解产品的说明和产品本身等。

（三）表情信号

表情信号包括高兴的神态，对产品表示好感，对着产品思考等。

（四）事态信号

事态信号包括曾经问过的又重新发问等。

三、促成成交的三个关键心态

在销售谈判中，促成成交有以下三个关键心态：

第一，主动。要主动向对方提出成交要求。70%的业务失败在于未能适时的提出成交要求，这就像瞄准了1天的目标却没有扣动扳机一样，浪费了1天的时间，最后还让野兔跑了。

第二，自信。自信是最具有感染力的，当你大胆、充满自信地向客户提出要求，就能感染和打动对方，促使客户下定成交签约的决心。

第三，坚持。遭到拒绝后不要轻易放弃，要有技巧地再次引导客户成交，谈判中一次性就能成交的可能性极小。尤其在这样激烈竞争的市场环境下，一次成交失败并不意味着整个谈判工作的失败。

四、成交签约的三个最佳时机

在销售谈判中，有以下三个成交签约的最佳时机：

第一，当你向客户准确介绍了一个重大利益的时候提出成交签约；

第二，当你圆满地回答了客户的一个真实异议的时候提出成交签约；

第三，当感觉客户成交欲望十分强烈时，就要设法尽快结束谈判，提出签约。

五、成交应把握的原则

成交应把握的原则有以下四点：

第一，多看少说，引导为主；

第二，一问一答，切准喜好；

第三，不急不忙，轻松缔结；

第四，保持态度，耐心小心。

六、成交签约机会的把握

在销售谈判中，成交签约机会的把握应注意以下三点：

第一，随时成交。比如客户原来都是购买老产品，通过你的介绍客户发现了新产品的优点和你带来新销售模式的好处，于你反问：是不是很好啊？如对方赞成，你就应该立刻与其缔结合同。

第二，抓住最后的机会签约。如果客户拒绝成交，利用离开的最后机会，采取特定的技巧来吸引客户，创造新的成交机会。

第三，常用的促成缔结合同的用语有：

• 公司正在搞促销活动。现在订购最划算的，还有其他优惠……

• 你是今天就订货，请稍等，我立刻通过电话给你尽快发货……

• 你好，我看你选这款最好了（要记住对方第一次拿的是什么商品，看很多次的是什么商品）……

• 你好，我们还提供这种产品专用的配套×××……

第二节 成交阶段

从谈判的程序看，谈判人员能排除所有障碍，即进入成交阶段。

所谓成交，是指谈判双方接受彼此的交易条件而促成交易达成的结束过程。由于谈判成交是谈判成功的标志，因而成交就成为整个谈判过程中的关键步骤和环节。我们需要运用各种技巧使谈判顺利结束。

一、谈判成交策略

（一）谈判结束时间策略

选择适当的时机结束谈判，对于谈判成功有着重要的意义。什么时间该结束谈判？怎样结束谈判？采用什么样的技术与技巧来实现谈判的完美结束？形象一点来说，商务谈判犹如一桌美味佳肴，"话到七分，酒至微醺"，无论多么诱人，也不能贪得无厌。又如，汽车的运行有一个临界点，超过临界点，就会失去控制和具有破坏力。谈判也一样，谈判者对谈判目标不能贪得无厌，应该明确何时快要达到临界点，应该立即停止谈判。倘若不能适时终止，可能连最低的目标都不能实现。

对参与谈判的双方来说，交易的各个阶段可能都需一个"暂停"，才能向下一个阶段过渡。当对方兴致正高时，提出满意的成交方式，往往会缔结令人满意的条约。这一时机的把握是非常重要的，可能在磋商时，也可能在开局时，甚至是最后大家都将不欢而散时。

商务谈判中这个时机的把握，可以促成交易的达成，否则，可能会成为谈判的阻力。这一终止谈判的时刻几乎可能发生于任何时间。

在商务活动的现实场景中，谈判过程有时是冗长而枯燥的。对方的兴趣不会总是持续上升。实际上，人们的兴趣总会时高时低，在某一时刻兴致正高时，如果没有抓住这个时机，可能会失去非常好的交易机会。那么，对方的成交意愿是否很难把握？其实不然，有时，对对方稍加测试，就会发现对方是否准备下决心完成交易。

比如，假若你提出继续讨论支付问题、交易的期限问题和信用问题，要是对方也期望得到一个有利的决定，那么对方就会怀着极大兴趣讨论这些问题。此时，就可以认为对方已下定了完成交易的决心。

当然，在开始谈判时，是可以确定一个起止时间的。这是因为人们不能长久地在一件事上保持旺盛的精力。随着谈判时间的延续，精力会不断下降，而在谈判结束之际，又会有一次高涨。截止时间一旦确定，谈判双方就会振作精神，提出建设性的解决办法。如果没有一个截止时间，双方都会无休止地拖延下去。最后，任何一方都不会达到预期的目标。

（二）对最终意图的观察与表达策略

这个所谓的最终意图，可能是最初的想法，在一个要求迅速解决问题的场合，最终意图会立刻显示出来。此时，我们强调把争论减到最少。

如果对成交有把握，应使用短小精悍的语言，给对方的问题以简洁的答复。如果此时辅以一些肢体语言，比如双臂交叉在胸，以表达对谈判破裂的准备，也可以显示出你的态度。

同样，要观察对方是否有结束洽谈的意图也不难。只要有一些心理学常识，通过察言观色，根据对方的说话方式和面部表情的变化，是可以做出正确判断的。一般情况下，对方在谈判中出现下列的情况，就说明他已产生了成交意图。

- 对方向你询问交货时间；
- 对方对质量和加工工艺提出具体要求；
- 对方让你把价格说得更确切一些；
- 对方向你打听新、旧产品及有关产品的比价问题；
- 对方要求你把一些销售条件记录在册；
- 对方向你请教产品保养的问题；
- 对方要求报盘的有效期延续几天，以便最后做出决定；
- 对方要求实地试用产品；
- 对方提出一些反对意见。

在很多情况下，虽然对方有了成交意图，但任何人在做出重要决定时都是会犹豫的，甚至对方还会提出更多反对意见，毕竟商务谈判涉及的金额都不小。对方会问："我必须马上作出决定吗？可否再给点时间？""你们能确保产品的质量吗？""首期付款太多了吧，能不能先只付合同额的10%？"此时，作为一个谈判者应学会成功地化解客户的疑虑，甚至是帮他尽快做出决定。老练的谈判者都知道，对方只要不是对整个方案的否定，那么，离成交已不远了。某些小的细节是可以在这时忽略的。

（三）适时分手策略

在谈判的过程中应鼓励对方大胆发表意见，但有些谈判者在付出巨大努力或者成功指日可待时，这种处理方式几乎可能使你的所有努力功亏一篑，也会导致客户反感。所以，结束阶段要采取一种平静的会谈心境。对方需要消除疑虑，或许正在准备做出适当的决定。用一种满怀信心的态度，含蓄地暗示生意将会成功，会帮助谈判者度过变化莫测的关键时刻。如果洽谈毫无收获，但你的表现落落大方、通情达理，不因没有得到订单而失去对对方的热情，那么以后再见面的时候，你就会被人尊敬。

二、谈判成交结束前谈判人员的态度

（一）在对方仍不能决定购买的情况下不应仓促离开

在洽谈快要结束时，买方拒绝马上做出决定。这时你不能携着订单夺门而出，或者认为买方太不爽快。换位思考，如果此时你作为买方付钱的人，能不能更为干脆？此时不妨给对方一点时间和空间，可以非常友好地说："没关系，生意不在仁义在，今天大家能畅谈得这么愉快，很有缘分。"一般情况，你的通情达理会让对方感到轻松。

（二）不能过早放弃努力

即使是最优秀的谈判人员，对谈判中的重要"门槛"——成交，往往也会存在一些心理障碍，担心有一些失误，使谈判前功尽弃。此时，心理素质好的谈判者往往能一举胜出。所以不到最后时刻，不应放弃自己的努力。积极平和的心态，更易让人产生好感。

（三）保留一定的成交余地

任何一个懂得谈判的人，无论在开局还是最后，只要没签订合同，都要学会为自己留一定的余地。在成交阶段，将最好的优惠条件推出，往往更能促成协议的达成。即使客户反悔了，也要为日后的合作留下希望。可以留下名片、产品目录、说明书等，期待下次有机会与对方合作。

（四）对交易条件做最后检索

在即将达成交易的会谈之前，有必要对下列问题进行一次检索：

第一，明确还有哪些问题没有得到解决。

第二，对自己期望成交的每项交易条件进行最后的决定。

第三，决定采取何种结束谈判的战术。

第四，着手安排交易记录事宜。

这种检索的时间与形式取决于谈判的规模。有可能安排在谈判结束前的休会时间里，也有可能双方正式地做一商讨。不管这种检索的形式怎样，这个阶段是谈判双方必须做出的、最后的、并且面临着能否达成交易的最后抉择。

三、有效的结束技巧

在成交时，谈判者需要采取一些正确有效的成交技巧来保证成交的顺利进行。下面介绍十种有效保证成交的技巧。

（一）二难选择法

二难选择法是指谈判人员为客户准备两种或两种以上购买选择方案，并要求其做出选择的成交方法。

这种方法给客户一种非此即彼的二难选择，以控制客户的选择范围。

例如谈判者可以问："您是喜欢这款呢，还是喜欢那款？"这种方法的优点是既调动了客户决策的积极性，又缩小了范围，并人为地提高了成交的起点。

（二）断货成交法

断货成交法又可称为从众成交法，是指谈判人员利用从众心理来促成客户成交的方法。谈判者可以暗示客户这是今年非常流行的产品，很多大公司都有订购，走货很快，以刺激客户赶快购买。比如，可以向客户这样说："这是今年的畅销款呢！很容易缺货的，您什么时候要货？"

（三）综述利益法

综述利益法就是由谈判者向客户综合介绍产品的特点、优点以及能给客户带来的利益。综述利益法要注意以下三点：

1. 突出利益损失，促使对方做出决定。这种方法强调，对方如果不尽早购买产品，就会错过这一时期的所有利益。如："你们如果还犹豫，可能会失去一些很好的机会。因为过了这段时间，我公司就没有那么大的优惠了，反正这都是你们随时需要的产品。"

2. 强调产品的好处，促使对方做出决定。此时应高度概括有利于成交的一切因素，是圆满结束谈判的一种有效方法。

3. 满足对方的特殊要求，促使对方做出决定。有些时候，面临成交，客户会提出一些反对意见来表达他们的特殊要求。这种情况下，如果不是特别难以接受，都可以尽量满足客户的要求。如："其他都还可以，不过半年才交货，时间太长了一点。""如果我们把交货时间缩短为 3 个月，你能马上决定吗？如果可以，我们马上安排生产。"

（四）宠物成交法

宠物成交法就是将自己的产品做到精益求精，描述得出神入化，从而让客户产生非买不可的欲望与感觉，由此来达到成交的目的。

（五）富兰克林成交法

富兰克林成交法专门对付"好好先生"类型的客户。当客户犹疑不决时，谈判者可以采取此法，列出购买产品的好处与不购买的害处，以此来帮助客户下定成交决心。

（六）样品订单法

谈判者可以准备一些以前成交过的订单，以增加客户对产品的信任度。所拿出的样品订单，一定要抹去价格，不然反而可能弄巧成拙，激起客户新一轮的砍价。

（七）优待结束法

优待结束法包括以下一些具体方法：

1. 让利促使双方签约。当对方对大部分交易条件不很满意，而又价格较高的情况下，可考虑对方压价的要求，让利给对方。如采用回扣、减价以及附赠品等方法，以此促使谈判圆满结束。

2. 试用促使对方签约。谈判者可以提议让客户订购一笔少量廉价的样品，或者提供部分样品让客户无偿试用。这是一种较简单的成交方法，也是一种谈判不能成功时做出的最后努力。

国外的一家办公室设备生产商，曾允许谈判人员把机器留给顾客使用 6～10 天，其结果使谈判的成功率大为提高。为什么呢？因为很少有人在试用后还好意思拒绝对方。

（八）门把手成交法

如果客户实在不想成交，谈判者可以采取"门把手成交法"，佯装自己即将离去，将要中止成交，以此来激起客户的成交欲望。自己走到门口，对方仍没反应，谈判者则可以"回来取东西"为由折回，并顺便说道"本人能力有限，没做好服务，所以没能成交。但我相信，我们双方都花了这么多时间，谁都不想无功而返，对吗？"然后询问客户除了已经开出的条件之外，是否还有其他谈判的余地，以重新激起客户的成交欲望。

（九）以退为进法

如果想让客户买 100 万元的产品，那最好先推荐 200 万元的产品。然后以退为进，促使客户喜悦地购买 100 万元的产品。

（十）"6＋1"成交法

人有一个基本的弱点，即连续六次回答"是"之后，当面对本可以回答"否"的第七个问题时，也会由于惯性而选择"是"。所以谈判人员在与客户成交之前，一定要问他六个以上"是"的问题，最后才问他："今天咱们成交好不好？"这时，客户要是回答"不好"，自己也会觉得憋气难受。

四、适合用在成交阶段的谈判策略

（一）期限策略

如果是供货方利用期限策略，可以向需方明确："存货不多，欲购从速。"或向需方说明："这批货所剩不多了，下批货要等到某某时间。"如果是需方利用期限策略，可以这样表示："如果我们提出的条件贵方在三天之内不能明确答复，我们只好另找货源了。"

（二）优惠劝导策略

向对方提供某种特殊的优惠条件，作为尽快签约的鼓励。比如，用打折、提前送货、赠配件、允许试用等手段促成尽快签约。

（三）行动策略

谈判中只要主要问题基本谈妥，即可立即行动书写协议，以促成签约。

（四）主动提示细节策略

谈判中一方主动向对方提出协议或商谈合同中的某些具体条款的签订问题，比如，商谈验收的地点、时间、方式和技术参数等，以此来促成签约。

在该阶段，无论采取哪种策略，都不要恭维对方，更不能喜形于色，以免引起对方疑心。

第三节　谈判签约

商务谈判的最后环节是签约。谈判双方经过你来我往多个回合的讨价还价，就交易中的各项重要内容完全达成一致以后，为了双方权利与义务关系的固定，取得法律的确认和保护，需要签订具有法定效益的合同文书。它是商务谈判取得成果的标志，是全部谈判过程的重要组成部门，是谈判活动的最终落脚点，签约意味着全部谈判工作的结束。商务谈判工作做得再好，沟通得再好，没有签订合同的话，最终也是无效的。

案例分析 ◦◦◦⇨

　　某公司电器部经理威廉热情万分地送走顾客回到自己的办公室时，终于长长地出了一口气。经过近一周的洽谈，威廉确信自己做成了这笔业务：四台笔记本电脑、一台激光打印机。明天顾客将来看货并观看电脑操作人员的现场示范。这笔生意价值20万元，一切看来都很顺利。顾客是威廉多年的朋友，几天前他打电话问威廉，有没有东芝手提式笔记本电脑，他打算买四台，并说他已经在各电脑市场调查过了，这种型号的每台大约最低是3万元，有一位电脑经销商愿意以每台2.8万元卖给他，不过他还想再看看。威廉立即邀请他过来谈一谈。两人见面后无所不谈，威廉向他推荐了另一种自己公司正在经销的产品，价格比起东芝电脑稍高一点，3.1万元一台，而且比东芝电脑稍重一点，但性能要好一些。顾客十分满意，并立即打电话给自己的手下，通知他们把明天的事情安排好，挤一点时间一起过来观看现场示范。随后他又与威廉聊了聊天，他十分感谢威廉的热情接待，并对向他推荐的这种产品称赞不已。不巧的是，他的随身电话响了，接完电话后，他表示有一个急事等他处理，只有等明天再接着谈了。威廉送他出门时，他没有意识到，这笔生意他实际上没有真正成交的把握。

威廉的失误之处在于，他接待顾客时，并没有趁着当时双方兴味正浓、热情正高的时机，将成交的"气氛"引向成交的"行动"。他本应该争取订单，立即向对方示范，签下这笔协议，以满意的服务将对方送回家。但是，威廉并没有这样做，他在需要画"句号"的时候画了"逗号"，他请顾客第二天来看货并观看现场示范，这是一着败棋，它使"逗号"可能在最后演变成不了了之的"省略号"。因为这样一来，顾客回家后可能会思索：为什么要比我原来预想的价钱多付钱呢？当电脑需要提来提去时，为什么要买重一点的呢？他开始反省自己，在那么仔细和理智地比较了各个电脑经销商之后，竟然要和这样一位老伙计在友谊的基础上做生意。因此，既然他们彼此并没有达成具有法律效力的契约，顾客在第二天会找一个理由，推辞去看货的约定，然后去买他原来确定的那种产品。

因此，必须注意，一次谈判只要没有最后成交，你就不能有一丝一毫的松懈。即使成交的气氛已经形成，也需要有具体的行动。再就是，如果你最后商定交易的方法不正确，那么世界上所有的讨价还价技巧都于事无补。

一、合同的相关概念

（一）合同的含义

合同（Contract），又称为契约、协议，是平等的当事人之间设立、变更、终止民事权利义务关系的协议。

在合同中，甲方、乙方代表的是合同中的签约双方。一般订立合同的一方为甲方，签约对象为乙方。买卖合同中，通常付款方为甲方。法律没有明确规定甲乙双方的身份。甲方可以是买方也可以是卖方，乙方同理。

（二）合同类型

1. 单务合同和双务合同。单务合同，是指合同当事人仅有一方承担义务。双务合同，是指合同的双方当事人互相负有对待给付义务的合同关系。

2. 有偿合同和无偿合同。有偿合同，是指一方通过履行合同规定的义务而给付对方某种利益，对方要得到该利益必须为此支付相应代价的合同。无偿合同，是指一方给付某种利益，对方取得该利益时并不支付任何报酬的合同。

3. 有名合同和无名合同。有名合同，又称典型合同，是指法律上已经确定了一定的名称及规则的合同。无名合同，又称非典型合同，是指法律上并未确定一定的名称及规则的合同。

4. 要式合同和不要式合同。要式合同，是指法律规定或当事人约定必须采取特殊形式订立的合同。不要式合同，是指依法无须采取特定形式订立的合同。

5. 主合同和从合同。主合同，是指不依赖其他合同而能独立存在的合同。从合同，是指以其他合同的存在为存在前提的合同，又称为附属合同。

6. 实践合同和诺成合同。实践合同，是指除当事人双方意思表示一致以外尚须交付标的物才能成立的合同。在这种合同中，除双方当事人的意思表示一致之外，还必须有一方实际交付标的物的行为，才能产生法律效果。实践合同必须有法律特别规定，比如定金合同、保管合同等。诺成合同，是指当事人一方的意思表示一旦经对方同意即能产生法律效果的合同，即"一诺即成"的合同。其特点在于当事人双方意思表示一致，合同即告成立。

（三）合同生效条件

合同生效条件如下：

1. 双方当事人应具有实施法律行为的资格和能力。

2. 当事人应是在自愿的基础上达成的意思表示一致。

3. 合同的标的和内容必须合法。

4. 合同必须符合法律规定的形式。

（四）合同形式

合同形式，是指当事人合意的外在表现形式，是合同内容的载体。我国《合同法》第 10 条规定：当事人订立合同，有书面形式、口头形式和其他形式。法律、行政法规规定采用书面形式的，应该采用书面形式。当事人约定采用书面形式的，应当采用书面形式。

经济合同的形式是指经济合同当事人之间明确权利义务的表达方式，也是当事人双方意思表示的表现方法。经济合同的形式主要有口头形式和书面形式两种。

1. 口头形式是指当事人双方用对话方式表达相互之间达成的协议。当事人在使用口头形式时，应注意只能是及时履行的经济合同才能使用口头形式，否则不宜采用这种形式。

2. 书面形式是指当事人双方用书面方式表达相互之间通过协商一致而达成的协议。根据合同法的规定，凡是不能及时清结的合同，均应采用书面形式。在签订书面合同时，当事人应注意，除主合同之外，与主合同有关的电报、书信、图表等，也是合同的组成部分，应同主合同一起妥善保管。书面形式便于当事人履行，便于管理和监督，便于举证，是合同当事人使用的主要形式。

二、谈判合同签订

（一）合同内容

合同的内容由当事人约定，一般包括七项内容：①当事人的名称或者姓名和住所；②标的；③数量和质量；④价款或酬金；⑤履行期限、地点和方式；⑥违约责任；⑦解决争议的方法。

（二）合同条款的审核

合同的主要条款，是指合同应当具备的条款。它决定着合同的类型，确定着当事人各方权利义务的质和量，处于相当重要的地位。在有些情况下，欠缺主要条款，合同即不成立。合同的主要条款包括以下六个方面：

1. 标的——标的是合同权利义务指向的对象。

2. 质量和数量——标的的质量和数量是确定合同标的的具体条件，是这一标的区别于同类另一标的的具体特征。

3. 价款和酬金——这是有偿合同的主要条款。价款是取得标的物所应支付的代价；酬金是获得服务所应支付的代价。

4. 履行的期限、地点和方式——履行期限直接关系到合同义务完成的时间，涉及当事人的期限利益，也是确定违约与否的因素之一。

5. 违约责任——是促使当事人履行债务，使守约方免受或少受损失的法律措施，对当事人的利益关系重大，合同对此应予明确。

6. 解决争议的方法——一旦合同成立，履行中产生争议，双方应通过协商、仲裁还是诉讼解决其争议，有利于合同争议的管辖和尽快解决，并最终从程序上保障了当事人的实体性权益。

三、签约程序

（一）签约仪式的准备工作

签约仪式准备工作，一般应从以下四个方面着手：

1. 确定参加人员。参加签约仪式的人员，应是双方参加会谈的全体人员。如一方要求某些未参加谈判的人员出席签约仪式，应事先征求对方的意见，取得对方同意。一般礼貌的做法是，出席签约仪式的双方人数大体相等。有时为表示对本次商务谈判的重视或对谈判结果的庆贺，双方更高一级的领导人也会出面参加签约仪式，级别一般也是对等的。

2. 协议文本的准备。谈判结束后，双方应组织专业人员按谈判达成的协议做好文本的定稿、翻译、校对、印刷、装订、盖火漆印或单位公章等工作。作为东道主，应为文本的准备工作提供准确、周到、快速、方便的服务。

3. 签约场所的选择。签约仪式举行的场所，一般视参加签约仪式的人员规格、人数多少及协议中商务内容的重要程度等因素来确定。多数是选择在客人所住的宾馆、饭店，或东道主的会客厅、洽谈室作为签约仪式的场所。有时为了扩大影响，也可商定在某个新闻发布中心或著名会议、会客场所举行签约仪式。无论选择在什么场所举行，都应取得对方的同意，否则就是失礼的行为。

4. 场地的布置。我国举行签约仪式，一般在签字厅内设置一张长方桌，作为签约桌。桌面上盖着深绿色台布，桌后放两把椅子，供双方签字人入席就座。东道主主席在左边，客席在右边。桌子上安放着今后各自保存的文件，文本前分别放置签字用的文具。签字桌中间摆有一旗架，同外商签字时旗架上面分别挂着双方国旗。需要同时悬挂多国国旗时，通行的做法是以国旗自身面向为准，以右侧为上，如图6-1所示。在确定各国国旗的具体位次时，一般按照各国国名的拉丁字母的先后顺序而定。在悬挂东道国国旗时，可以遵行这一惯例，也可以将其悬挂在最左侧，以示东道国的谦恭。

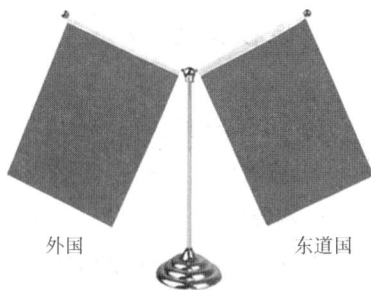

图6-1　国旗摆放示意图

5. 规范好签约人员的服饰。谈判签约人员必须着正装，男着西服套装，女着西服套裙，遵从正式场合的着装规范。

（二）签约仪式的正式程序

签约仪式的正式程序有以下四步：

1. 签约仪式正式开始。

2. 签字人正式签署合同文本。

3. 签字人正式交换已经有关各方正式签署的合同文本。

4. 共饮香槟酒互相道贺。

第七章
谈判结束阶段——协议后

合同的签订代表着谈判告一段落，但并不意味着谈判活动的完结，谈判的真正的目的不是签订合同，而是履行合同。因此，协议签订后的阶段也是谈判过程的重要组成部分。该阶段的主要任务是对谈判进行总结和资料管理，确保合同的履行与维护双方的关系。

一、协议的履行

履行经济协议时，当事人必须全面履行合同规定的义务。要实现这一目标，必须贯彻实际履行和适当履行的原则，两者缺一不可。

（一）实际履行

实际履行，也叫全面履行，就是要严格按协议规定的标的履行，协议怎么规定就怎么履行，不能任意用其他标的来代替，也不能用支付违约金或赔偿金的办法来代替合同原定标的的履行。因此，要求双方在谈判中对有关标的物的内容讨论要尽可能详尽、清楚、明确，并在合同中明确规定供货一方交付产品的质量、性能、功能、特点等方面内容以及检验的标准。如果供方未能履行协议，必须按合同规定承担其全部责任，向需方支付违约金或赔偿金。但此时，协议并没有中止，违约方仍然要执行实际履行的义务。所以，原则上罚款不能代替标的履行。

总之，合同签订后，必须按照合同规定的内容认真履行。除非不具备实际履行的情况，才允许不实际履行。这种情况包括：

1. 以特定物为标的的协议，当特定物灭失时，实际履行协议的标的已不可能。

2. 由于债务人延迟履行标的，标的的交付对债权人已失去实际意义。如供方到期不交付原材料，需方为免于停工待料，设法从其他地方取得了原材料。此时如再交付货，对需方已无实际意义。

3. 法律或协议本身明确规定，不履行协议只负赔偿责任。如货物运输原则，一般均规定，货物在运输过程中灭失时，只由承运方负担赔偿损失的责任，不要求做实际履行。

（二）适当履行原则

所谓适当履行原则，就是要求协议的当事人不仅要严格按协议的标的履行协议，而且对协议的其他条款，如质量、数量、期限、地点、付款都要以适当的方式全面履行。凡属适当履行的内容，如果双方事先在协议中规定得不明确，一般可按常规做法来执行。但这是在不得已情况下采用的，严格来讲，适当履行原则本身就要求当事人在订立协议时尽量做到具体明确，以便双方遵照执行。

实际上，贯彻实际履行原则和适当履行原则，就是要求双方当事人必须严格按照协议的条款去履行。

二、协议的担保

协议的担保是保证协议的切实履行的一种法律关系。担保是指在谈判时，一方或双方以保证人或其他方式来保护其切实履行协议的一种形式。担保是由国家法律规定的或由双方当事人协商确定的。

贸易谈判协议的担保主要有以下五种形式：

（一）保证

保证是保证人以自己的名义担保被保证人履行合同，当被保证人不履行合同或不全履行合同时，由保证人连带承担赔偿损失的责任。保证的作用是监督被保证人连带承担赔偿损失的责任。被保证人不履行合同或不完全履行合同时，另一方当事人有权请求保证人连带承担赔偿损失的责任，同时，有权请求被保证人继续按约履行合同。所谓连带承担赔偿损失的责任，即保证人和被保证人都负有承担赔偿另一方当事人经济损失的义务。保证人赔偿被保证人违约造成另一方当事人的经济损失后，有权向被保证人请求偿还所赔偿的损失。

（二）定金

定金是签订经济合同的一方当事人，为证明合同的成立和保证合同的完全履行，在标的物价款或酬金的数额内，预先给付对方当事人一定数额的货币。定金的作用：一是证明合同的成立。一方当事人在签订合同时，担心对方当事人悔约而给付定金，只要对方当事人接受定金，这就是经济合同成立的法律依据。二是一种担保形式。它是在没有第三人参加的情况，双方当事人为了保证合同的切实履行而约定的法律关系。因此，如果接受定金的一方不履行合同，应当双倍返还定金；如果给付定金的一方不履行合同，则无权请求返还定金。所以，定金既有担保作用，又可以补偿不履行合同所造成的经济损失。

定金与预付款不同。定金的主要作用，一是证明合同的成立，二是保证合同的履行。而预付款没有这样的作用，给付预付款的一方不履行合同时，在承担由此造成的经济责任后，有权请求返还预付款或抵作赔偿金、违约金；接受预付款的一方不履行合同时，在承担经济责任后，应如数返还预付款，但无须双倍返还。

（三）留置

留置是协议担保的一种法律手段，是指在合同履行中，当事人一方对于对方的财产采取的一种扣留措施。这种担保形式常常用于来料加工、保管和工程项目的合同关系。如加工承揽合同中，定作方把一定的原料交给承揽方加工，如果超过领取的期限仍不领取，承揽方有权将定作物变卖，所得价款在扣除报酬、保管费用之后，用定作方的名义存入银行，承揽方的这种权利，叫作留置权。

（四）违约金

违约金也是保证协议履行的一种形式，是指一方当事人不按标的履行或者不适当地履行协议时，按法律或双方约定向对方支付的金额。这是合同的主要担保形式。它的作用有两个方面：一是带有惩罚性质，起经济制裁作用；二是带有补偿性质，起补偿损失的作用。这里，违约一方不履行协议时，不论是否给对方造成损失，都应付给违约金。这与赔偿金有所区别，赔偿金是指给对方造成损失后支付的补偿金。

（五）抵押

抵押也属于一种担保形式，是指协议当事人一方或第三人为履行协议向对方提供的财产保证。提供抵押的一方当事人或第三人称抵押人，接受抵押财产的当事人称抵押权人。抵押人不履行协议，接受抵押人有权依法变卖抵押物，从所得价款中优先得到清偿。但是，不得变卖国家法律、法令禁止流通的抵押物。

三、协议的纠纷处理

经济全球化的今天，国际商务活动需要有创新精神和灵活的头脑。而国际商务活动由于经常涉及不同的文化、理念、传统以及法律体系，因此争议分歧在所难免。这些问题处理不好就会导致很严重的后果。处理合同纠纷的方法有四种。

（一）协商

协商是解决谈判双方争议、纠纷的一种有效方式。争议双方通过友好协商，达成和解。

其优点在于：①成本低，争议双方不需要浪费额外的费用；②有利于建立良好的商务关系，争议双方的互相谅解和妥协让步是双方坚持平等互信原则的结果，必然有利于双方商贸关系的改善和进一步加强。

其缺点在于：①友好协商建立在双方平等互信的基础上，而这种基础在现实中是很难确定和保持的，这无疑减少了协商的机会；②国家意识形态、文化、政策或法律方面的差异都可能使这种协商变得不可能或者变得更困难。

（二）调解

在争议双方自愿的基础上，由第三者出面从中调解。

实践表明，调解也是解决争议的一种有效途径。调争的具体做法是：结合仲裁的优势和调解的长处，在仲裁程序开始之前或之后，仲裁庭可以在当事人自愿的基础上，对受理的争议进行调解解决。如调解不成功，仲裁庭仍按照仲裁规则的规定继续进行仲裁，直到做出终局裁决。

其优点在于：①第三方参加调解，有利于增加双方谈判的可能性，缓和争议双方间的矛盾情绪，为有建设性的谈判创造良好的环境基础；②第三方参加调解，有利于形成一种外在压力，争议双方可能出于对组织声誉的考虑，也可能出于对与第三方特定关系的考虑，重新回到协商解决上来。

其缺点在于：①涉及第三方可能会增加双方解决争议的成本；②外来人员或机构参与，可能会影响争议双方以往的良好信誉。

（三）仲裁

争议所涉及的金额巨大或后果严重，使双方都不肯做出较大让步，虽经长期反复协商、调解仍不能解决问题，或者一方态度不好，有意毁约，没有解决问题的诚意，这时可以采取仲裁的方法。

仲裁是按仲裁程序，由仲裁员做裁判，对双方争议的事项做出裁决。仲裁员的裁决是有约束力的。如果败诉方不执行裁决，胜诉方有权向法院申请强制执行。法院可根据胜诉方的要求，出面强制败诉方执行仲裁裁决。

其优点在于：①仲裁解决较为迅速，能为争议双方节约宝贵的时间；②专门的机构依照一定的程序进行，平等性、公平性比较高；③具有一定的约束力，一定程度上能为解决双方的争议起到作用；④可借助法院完成裁决的强制执行。

其缺点在于：①需要支付相关的仲裁费用，增加成本；②仲裁规则并不代表法律条款，不公平的现象仍有可能发生；③仲裁机构没有强制执行权，在败方不执行裁决的情况下，仲裁机构也只能提请法院强制执行；④公共机构参与，可能会影响争议双方以往的良好信誉。

（四）诉讼

双方当事人发生争议后，通过协商和调解均不能解决，或争议所涉及的金额巨大或后果严重，合同中又没有签订仲裁条款，则双方当事人的任何一方都可以向有管辖权的法院起诉，申请判决。

诉讼须按诉讼程序法，判决按实体法进行，一旦法院判决了，必须执行，没有协调的余地。我国法律对于解决涉外合同争议的方式做出了原则性规定，即解决涉外经济合同争议可以采用四种方式：协商、调解、仲裁和诉讼。

其优点在于：①法院裁决较为迅速，能为争议双方节约宝贵的时间；②按照国家法律法规裁决，平等性、公平性高，结果更合理；③具有极高的约束力和强制性，有效保证裁决执行。

其缺点在于：①需要支付相关的诉讼费用，增加成本；②各国的法律法规存在差异性和不完善性，并不一定能妥善解决所有的商务纠纷；③将评判权力交给法律部门，可能会影响争议双方以往良好的社会信誉。

商务纠纷的解决方法多种多样，各有其优点和缺点，企业在处理商贸纠纷时，要充分考虑到自身的条件、企业间的商贸关系、企业信誉、纠纷处理成本以及各国法律对商贸纠纷处理的差异，理性地选择合适的纠纷解决方法，维护自身的经济利益。

第八章
谈判风格

谈判风格是指谈判人员在谈判过程中通过言行举止表现出来的具有自身特点的谈判思想、策略和行为方式。

谈判归根结底是一个人与人沟通的过程，所以很有必要花一些时间来研究一下你将面对的对手。人的性格决定了他的谈判风格，而不同的谈判风格需要相应的方法来应对。

第一节　谈判者的性格

人到底有多少种性格呢？恐怕没有人能够说清楚。谈判人员有三种典型的性格，即内向谨慎型、外向果断型和理性判断型。

一、内向谨慎型

这类性格的谈判者最显著的特点是：无论交易金额的大小，总是要在慎重考虑后才能够决定。他们通常需要花一定的时间先来了解你和你代表的组织，随后用比较长的时间考虑事情的可行性，最终在权衡利弊后做出决定，他们认为只有这样才能签订合同，才不会让对方蒙骗。如果你试图催促对方尽快答复，请小心行事，他们很可能会怀疑这次交易的可信度，会花费更多的时间思考。如果你的产品比他们目前所使用的性能更好、价格更低，按照常理，对方一定会放弃原供应商转而与你合作，但内向谨慎型的谈判者却不会那样做，他们会持怀疑的态度与你接触，对你全盘考查后才做决定。

在与他们接触的过程中，你会感到非常轻松，因为他们会和你谈一些双方感兴趣的事情，他们很看重长期的合作并十分愿意同你交朋友，这类人士很难拒绝别人的要求，但不喜欢人家强迫他们做出决定，在一些事情上由于缺乏果断可能会延误时机。但不可否认，他们每一次的决定都是理性的，基本不存在疏漏。另外与众不同的特点是，他们是双赢谈判的支持者，更愿意看到双方各有所得的结果，不会太在意谈判的输赢，只要在主要问题上达成一致，其他事情都可以谈。

所以当你面对内向谨慎型的对手时，要多谈一些谈判以外的事情，时刻充满诚意，让对方喜欢这种谈判方式，切记一定不要急于求成，留出一定的时间让对方思考。内向谨慎型的对手相对更容易妥协与让步，只要你耐心地与他们交流，总会有一些事情会被你改变。

二、外向果断型

顾名思义，此类型谈判者的办事风格是直接、果断，当你听到对方说："就这样吧，你再让一个百分点，我们就成交，马上签合同。"毫无疑问，他一定属于外向果断型谈判者。

不要试图与他们聊天来改善谈判气氛，因为他们认为谈判应该直截了当，任何与谈判无关的话题均为废话，简直就是在浪费时间，所以你要小心过多的寒暄与过分的热情，他们并不习惯这种谈判方式。外向果断型的人不会在意对方的感觉，也不会顾及面子，缺乏人情味，只关心生意的进展。当谈判出现分歧时，他们会毫不犹豫地拒绝你，如果交易能够满足对方的需要，他们也会立即做出决定。

外向果断者对谈判的理解有一定的局限性，他们认为所谓谈判就是用尽各种办法使对方输，自己赢得可能得到的一切利益，在每一次谈判中都能够取胜，他们从不相信双赢谈判结果的存在。在每一次谈判中，他们都会对某一个问题争论不休，而不是通过创造附加价值把蛋糕做大，在他们眼里，价格是谈判中最重要的环节，其重要性高于一切，所以在谈判中他们会不停地压价，不顾交易破裂的危险。他们喜欢谈判，更喜欢赢的感觉，在每次谈判后都会保持一段兴奋与激动的状态。

在谈判中，与外向果断者针锋相对显然是不明智的，那样只会把事情变得更糟。通常他们会在某个议题上争论不休，并且一定要分出胜负，价格是最常见的谈判焦点，也许你的报价已经低于业内的平均价格，但他们绝不会就此罢手，还会努力地压低价格。当遇到这样的局面时，建议在第一次报价时适当调高价格，增加谈判空间，在正式谈判中做出多次让步，虽然从结果上并没有损失，但你让对方认为他们赢得了谈判。如果在每次谈判后对方都有很好的感觉，那么他们一定会期待与你下一次的谈判。

三、理性判断型

此类型谈判人员在谈判的过程中会频繁使用电脑和计算器，这是他们多年来形成的习惯，他们对数字非常敏感，交易中任何所需的数据都必须非常精确，绝不允许任何模糊的数字出现在谈判中，否则很有可能会强行终止谈判。同时他们还会花费大量的精力和时间去收集所有的相关信息，并加以深入分析，对未来的发展趋势了如指掌。他们喜欢掌控细节，对每一个环节都会反复推敲，对每一阶段所要完成的程度会体现在文字上。总之，如果你没有充足的前期准备，建议不要贸然开始谈判。

与理性判断者谈判前你要准备足够的资料和数据，对谈判的进度也要进行有效的规划，在谈判期间，他们会用大部分时间向你提问题，哪怕一个简单的事情也会刨根问底，他们只有在数据齐全的时候才会做出决定，而不会被情绪或关系所左右。他们的谈判风格一成不变，谈判方式过于僵硬，有时候会对某个问题过分固执，反而会影响谈判的进展，这时需要你去引导对方共同创造价值。

第二节　谈判风格及相应对策

根据不同的风格与方法，谈判者个人的谈判风格大体可以归为四类，我们可以对照找出自己的风格特点，同时发现对手的风格特点，做出正确的评估，选择或调整谈判策略。

一、支配型

属于支配型谈判风格的人，平日里就表现出强硬的一面，他们表达能力非常好，但是人际关系与情感表现比较差。

（一）风格特点

1. 喜欢发号施令，但绝不容忍出现错误。在发号施令的过程中，不在乎别人的情绪与建议。

2. 这样的人一般都是决策者、冒险家，是一个有目的的听众。如果在听的时候他不说话，他一定有自己的目的。他非常喜欢控制整个局面。他所做的一切，目的都是为了赢，特别是在谈判的时候。

3. 与其他性格的人相比，这样的人更冷静、独立，以自我为中心。这是支配型风格的谈判者一个很重要的特征。

4. 他们有良好的表达能力，说话言简意赅、信息丰富。谈判中，对手如不专心倾听，会错失部分信息，而被他轻视。

5. 他们求胜心切，谈判中所有的言行都明显表现出求胜心。

（二）弱点

1. 因为务实，所以他们害怕没有结果的谈判。他们急于求成而单刀直入，在谈判结果尚不明朗时，有可能会向利于对手的方向发展。

2. 他们过分以自我为中心，所以害怕犯错误，也因此不允许对手敲边鼓、绕弯子。他们常给对手造成比较大的压力，造成谈判紧张气氛。

（三）应对策略

支配型的人需要的是直接的回答和大量的新想法。与这样的人相处有以下三个窍门：

1. 要准备充分，以事实说话，实话实说。最好在做准备的时候，尽可能地准备一个概要，并辅之以背景性资料。因为这种人希望得到事实，所以要用事实来与他说话。并且在分析资料的过程中，要强有力地去讲。但是千万不能挑战他的权威性，因为他是支配型的人，是一个决策者和权威者，不要去挑战他的权威地位。

2. 要采取哀兵政策。这种人喜欢有锋芒的人，认为有锋芒的人跟他是对路子的，然而他却讨厌别人告诉他该怎么做。在和支配型的人接触的过程中，我们可以扮演弱者的角色，放低身段、不做决策，只是提供两到三个方案供其选择。因为他希望有创新的思想，我们应提出多一点方案，多一点创新思路，以充分表现对他的尊重。

3. 避免强调"共赢"。要特别强调的是，支配型风格谈判者渴望的是"全局掌控者"的感受，不要妄图挑战他的权威，更不要直接告诉他该怎么做。应该让他自己决定，让他判定利弊后，他自会做出正确的决策。

二、表达型

表达型谈判者情感表现比较好，表达能力也非常强。

（一）风格特点

1. 这种人充满激情，谈判中处处显示自己的感情，表达能力极强。

2. 他们非常有创造力，重感情，很乐观，对任何事情都很理想化。

3. 他们喜欢参与，愿意沟通。他们希望成为公众的中心，渴望自己在交流中与他人建立和谐的关系。

4. 做事永远追求趣味性，乐于帮助别人。

5. 这样的人大多数嗓门比较大，话比较多。

（二）弱点

1. 做事情条理性比较差，总是一会儿东，一会儿西。

2. 追求明星光环，希望成为公众的中心。

3. 害怕失去大家的赞同，如果得不到大家的认可，会非常失落。

4. 害怕孤独。这种人的创意天马行空，需要别人能够帮助他实现自己的创意。

5. 表达型的人说的不一定能做到。

（三）应对策略

表达型的人需要的是有人愿意倾听并帮助他实现创意。

1. 我们要充满活力地与之交谈，因为他是充满活力的。

2. 要不断地提出新的和独特的观点。

3. 对于他的观点，我们要能给出相应的例子和佐证，并尽可能给予量化的判断标准。

4. 要给他更多的时间，让他说话。因为他愿意表达自己，希望有更多的机会来表达自己。

5. 重视书面的形式确认。表达型的人做事缺乏条理性，所以我们在做任何工作时，一定要以书面的形式与他确认。

三、亲切型

亲切型谈判者情感表现极好，但表达能力较差。

（一）风格特点

1. 和蔼可亲、厌烦矛盾；这种类型的人善于与别人保持良好的人际关系。

2. 非常忠诚，相当于一个老好人，愿意关心别人，喜欢与别人打交道，待人也非常热心。

3. 做事比较有耐心，能够帮助情绪激动的人冷静下来。

4. 是出色的听众。

（二）弱点

1. 不喜欢采取主动，愿意停留在一个老地方，不往前走。

2. 他的决策永远是迟缓的。

（三）应对策略

和蔼型的人需求一种安全感，一种真诚的赞赏。他喜欢传统的方式和程序，不喜欢有大的改变。他喜欢稳定，所以他最大的恐惧就是失去这种安全感和稳定感。

1. 在和他说话的时候要放慢语速。因为他很亲切、和蔼，说话很慢，所以在跟他沟通的时候，一定要把语速相对放慢一些。

2. 以友好的、非正式的方式来跟他沟通。

3. 通过提供个人的帮助来建立与他彼此信任的关系。

4. 要从对方的角度去理解、考虑每一个问题。在和他讨论问题的时候，要注意多考虑人的因素，这样更容易得到他的赞赏，也更容易在谈判中取得优势地位。

四、分析型

分析型谈判者表达能力差，情感度也非常低。

（一）风格特点

1. 性格比较冷酷。

2. 这种人天生喜欢分析。遇到问题后，先搜集一大堆数据，然后做分析，因而他比其他人更能看清问题的本质。

3. 非常敏感，特别关注细节方面的问题。

4. 喜欢有一个较大的个人空间，别人不要来侵犯他，让他静静地去分析。

5. 追求完美和精确，喜欢条理、喜欢规矩、喜欢条条框框。

（二）弱点

1. 表达能力很差，情感表现力不足，与人交往中表现孱弱。

2. 工作速度比较慢。对于决策，这样的人会非常谨慎，因为他会过分地去依赖材料、数据。

3. 与人有距离感。分析型的人需要安全感，他自己的"框框"别人不能进来。

4. 比较保守。他不希望有突然的改变，否则，他就会害怕惊慌。

5. 害怕被人批评、指责，害怕混乱局面，他希望稳定。

（三）应对策略

分析型谈判者也希望被别人重视，虽然他不希望别人离他太近。但是他希望别人能够与他保持距离的同时尊重他、重视他。他最怕的是别人的批评、指责。他还害怕混乱的局面，恐惧新的措施和方法。因为一旦这样，数据、报表会混乱，他就无法分析。同时他也害怕做事情没有清晰的条理，框框不规范，规矩不明确。因此，与这种类型的人打交道要注意做到：

1. 要尊重他对个人空间的需求，因为他不喜欢别人打扰。

2. 做事不要过于随便，要公事公办。

3. 与其交往时，着装上要更加正统和保守。

4. 在与他交流的时候，要摆事实，确保正确性。

5. 给对方的信息应该是多多益善。因为给他的信息越好，他会感觉越好。

6. 在与他沟通的时候，语速要尽可能地慢一点。

7. 切忌过于友好，不要过于去讨好他，或者进入他的生活，进入他的领地，这样会使他反感，会对谈判造成更大的影响。要把整个精力集中到事实上，而不是集中到与他搞关系上，这样就可以与他相处得非常好。

表 8-1 是对四种不同类型的谈判者的特点及对应策略的总结。

表 8-1 四种不同类型的人及其对策

类 型	特 点	对 策
支配型	喜欢发号施令，绝不容忍出现错误；不在乎别人的想法；做事比较冷静、独立，以自我为中心	要准备充分，以事实说话；不能挑战他的权威，采取哀兵政策；可以作为弱者，给他两到三个方案供其选择
表达型	情感度高，表达能力强；充满激情、有创造力，重感情，乐观，任何事情都理想化；喜欢参与；做事条理性比较差	要精力充沛；要不断提出新的和独特的观点；给他更多的时间让他说话；在做工作的时候，要以书面的形式与他确认
亲切型	表达程度低，表达能力比较差；但是情感度非常高，喜欢与别人打交道；待人热心、做事比较有耐心	语速相对放慢；以友好、非正式的方式跟他沟通；通过提供个人的帮助，建立与他彼此信任的关系
分析型	表达能力差，情感度也非常低；喜欢有自己的私人空间	尊重他对个人空间的需求；做事不要过于随便；要公事公办；在着装上要更加正统和保守，与他交流的时候要摆事实，确保正确性，做好周密的准备

第三节　优秀谈判人员的养成

一、学会为感情开设账户

所谓感情账户，存储的是增进人际关系不可或缺的信赖，也就是与他人相处的一种安全感。谈判是一个交换的过程，我们之所以敢把我们的东西拿出来跟别人做交换，是因为信任对方，有一种安全感。所以一定要在感情上为自己开设一个个人账户。有 6 种内容可以存进去。

（1）多了解别人，少展现自己；

（2）阐明期望，要把我们希望的内容说清楚，不能含糊不清；

（3）注意细节；

（4）感情存款。要诚恳、正直。任何人都愿意与诚恳正直的人打交道，愿意跟他签合同；

（5）信守承诺。一旦做出了承诺，就要做到；

（6）敢于承认错误，不要遮掩，要敢于向对方道歉，这样往往会得到别人的尊重。

二、优秀谈判人员的特质

要想成为一个优秀的谈判者，必须具备 13 个特质。

（1）应该有能力和谈判小组成员进行有效的沟通，并赢得他们的信任；

（2）要了解产品、游戏规则，而且有能力得到正确的信息；

（3）要有良好的判断力，分清议题的底线和解决分歧、获得共赢的真正底线在哪里；

（4）要容得下冲突和矛盾。有冲突、有矛盾时不惊慌、不退缩；

（5）要有积极进取、敢于冒险的精神；

（6）要训练有素、沉稳内敛，让自己变得有礼又沉稳；

（7）要有和对方进行大胆交涉的勇气，以及与小组内部成员密切沟通的能力；

（8）要诚恳、廉洁、正直、不好私利；

（9）要胸襟开阔，能够聆听别人说话，不要主观臆断；

（10）有能力看穿隐藏在谈判背后足以影响谈判结果的个人因素，不仅能够看到谈判桌面上的东西，更要有能力看到谈判桌后面的东西，即能够看到影响谈判结果的个人因素；

（11）要有出色的知识规划的能力，根据我们已有的知识，做全面的规划；

（12）要善于运用人力，一个人不可能打全部的胜仗，要善于利用团队和专家，在谈判中取得优势；

（13）情绪要稳定，要有很好的情商，在谈判过程中不要失态。

第九章
谈判策略

　　谈判策略是谈判人员为取得预期成果而采取的一些措施，它是各种谈判方式的具体运用。任何一项成功的谈判都是灵活巧妙运用谈判策略的结果，一个优秀的谈判人员必须谙熟各种谈判策略与技巧，学会在各种情况下运用谈判策略达到自己的目标。

　　谈判内容的广泛性和环境的复杂性决定了谈判策略的多样性，在具体谈判过程中选择和采用不同的谈判策略，就要依靠正确的指导思想，即制定和选择谈判策略的原则。作为一个高明的谈判人员，懂得分析并使用策略，才能引导谈判向有利于自身的方向发展。

第一节　谈判策略选择原则

　　谈判者在选择谈判策略的过程中，一般要遵循以下四个原则。

一、标准客观原则

　　运用谈判策略的目的是使双方都感到自己有所收获，并愿意达成协议，而不是要将对手置于死地。这就要求谈判者坚持客观标准，并在参照以往谈判惯例的基础上做出决策。所谓客观标准应具有以下几个特征：

　　第一，公平性，即给双方以平等的机会，就像两个人分东西，一方提出分配方案，而由另一方先行挑选。

　　第二，情理性。谈判双方往往都认为自己的标准是合理的且公平的，而认为对方的标准有问题，这就要求谈判者从理性的角度出发，注意倾听对方的意见，并从中吸取合理的部分。

　　第三，客观性，即排除主观意志的干扰。所谓主观意志，是指在不改变自身立场或观点的条件下，要求对方改变立场或观点，这种做法必然导致双方竭力维护各自的立场，甚至将谈判引向破裂。在这种情况下，即使达成协议，也要花费大量的时间和精力，且容易恶化双方的人际关系，影响双方的长期合作和伙伴关系。

第四，抗压性，即顶住压力。有时谈判对手采取各种手段来压制对方，如拒绝让步，进行威胁或贿赂等，对此，谈判的另一方要依理而行，服从于理而不屈从于压力。

二、利益共同原则

制定策略的目的是使谈判者能从谈判中获得利益，即满足需求和欲望，而不是去维护谈判者的某些立场。一般来讲，谈判者坚持某一立场旨在实现预期利益。注重共同利益，要求谈判者首先弄清楚对方的利益所在。但是，利益往往是隐藏在立场后面的深层次的东西，这就要求谈判者要透过现象看本质。一般地讲，谈判者可以从以下几个方面探知对手的利益。

第一，构成对方立场的理由。设身处地站在对方立场上了解对方的需求和欲望。

第二，研究对方利益的多重性。如在卖方与中间商的谈判中，卖方的利益就包含争取最佳价格、维护销售渠道的畅通、获得中间商提供的各种服务等。

第三，注意对方的其他利益。物质利益是谈判双方关注的焦点，但不是关注的全部，其他方面，如对尊严、安全感、自主、平等的渴望都是谈判的基本要求，忽视这些要求常常使谈判以失败告终。

三、人事分开原则

所谓人事分开原则，是指将谈判的问题与谈判者个人的人际关系区别对待和分别处理，即用不同的策略处理两类不同性质的问题。人的因素对谈判的影响具有两面性：一方面，在谈判顺利的情况下，双方通过接触能够建立起一种相互理解、尊重、信任和支持的工作关系，从而为以后的谈判奠定一个良好的基础，形成良性循环；另一方面，谈判的挫折又会导致感情上的不愉快、沮丧、发怒或产生对立和敌意。随着误解和偏见的加深，原本可以达成的协议也会以失败告终。

谈判者在处理谈判问题与谈判双方人际关系时，可以坚持以下做法：

第一，不宜在谈判中以让步来换取双方关系的改善，因为这会削弱己方的谈判地位，使对方认为己方软弱可欺。

第二，不就观点和立场进行争论，以避免将谈判内容与双方关系相混淆，造成一种难分难解的混乱局面。

第三，努力改善双方的人际关系，及时解决和处理人员之间存在的矛盾。如果双方在认识上存在偏差，就要了解和研究对方的想法及其产生的原因，并找出纠正偏差的方法。在对方情绪过于激动时，要善于控制谈判的气氛，让对方有机会发泄不满和怨气，获得心理上的平衡，尽早恢复理智。

第四，要创造条件，寻找更多的机会与对方交换意见，进行双向沟通。

第五，努力在谈判正式开始之前，先与对方建立起一种相互信任的工作关系，以缓和双方在谈判中的对立情绪。

四、目标一致原则

商务谈判活动是为实现企业经营战略目标服务的，这就要求谈判的战略和策略要与企业整体战略目标保持一致。因此，在制定谈判策略过程中要注意以下几点：

第一，要树立全局观念。这就要求在分析和解决各个方面、各个环节存在的问题时，要考虑到企业整体利益的要求。

第二，要建立以市场为中心的观念。这就要求认真分析企业的外部环境，特别是竞争对手的优势和劣势，做到知己知彼，为制定正确的谈判策略奠定基础。

第三，要树立经济效益观念。企业的生存和发展要求谈判人员应以企业长期效益最大化为谈判的最终目的。

第四，要树立竞争观念。竞争是市场经济的主要特征之一，不同企业在产品、价格、技术、人才、分销、促销、成本、效率、管理等方面进行着日趋激烈的竞争，而商务谈判则是企业间竞争的一种集中反映，是企业间综合实力的对抗与较量。

第二节　谈判策略

谈判是科学和艺术的一种完美结合，"理"更重于"术"，"判"尤重于"谈"。谈判成功的关键，在于学习一种思维方法，需要我们能通过观察和分析，判断出对方的谈判策略，并随时做出积极的应对。本节介绍几种常见的谈判策略。

一、源于对手的策略

（一）根据谈判对手的态度制定策略

1. 态度合作型——因势利导策略。在谈判中，对手的态度对谈判是否能顺利进行有着直接影响，而合作型谈判对手则具有强烈的合作意识，注意谈判双方的共同利益，渴求达成双方满意的结果。对于这类谈判对手，策略是因势利导，在互利互惠的基础上尽快达成协议。

（1）满意感策略。针对合作型谈判对手实施满意感策略，旨在使对方感到温暖，促使对方为双方的共同利益尽早达成协议。

（2）时间期限策略。商务谈判种类繁多，规模不一，但从时间发展进程上分析，却都具有某些共同之处。例如，不管谈判怎样曲折和困难，所有的谈判都会有个结局。又如，谈判双方常常是在谈判临近结束之前才做出实质性让步，时间期限策略就是要抓住谈判双方在时间上的共性和特点，适时地明确谈判的结束时间，以促使双方在互利互让的前提下，及时和圆满地结束谈判。

2. 态度不合作型——迂回调停策略。不合作型谈判对手，要么不厌其烦地阐述自己的观点和立场，而不注重谈论实质问题；要么不断地抨击对方的建议，而不关心如何使双方的利益都得到维护；要么将谈判本身的问题与谈判对手个人联系在一起，将抨击的矛头指向谈判对手本人，进行人身攻击。

对待这类对手，只有采取恰当的对策，才能引导其从观点争论转向为双方共同的利益而谈判上来。

（1）迂回策略。实施迂回策略要求避免与谈判对手直接进行正面冲突，而要引导对方为双方的共同利益去设想多种选择方案，努力将谈判引向成功。

（2）调停策略。在采取迂回策略不能奏效的情况下，可运用第三方调停，即请局外人来帮助解决双方的矛盾。

（二）根据谈判对手的实力制定策略

1. 实力强于己方的谈判对手。所谓实力强于己方的谈判对手，是指谈判双方进行综合力量对比时，对方的力量相对而言比己方的力量强一些，在某些方面占有主动权。面对实力较强的对手，己方一方面要加强自我保护，不在对方的压力下达成不利于己方的协议；另一方面，要充分发挥自身的优势，以己之长击"敌"之短，争取最佳的谈判结果。

（1）底线策略。面对比自己实力强大的对手，为了避免使自己陷入被动局面而签订对己不利的协议，可采用底线策略，即事先订出一个可接受的最低标准。从卖方讲，就是订出可接受的最低价；从买方讲，则是订出可接受的最高价。

（2）"狡兔三窟"策略。所谓"狡兔三窟"策略，是指谈判者在预先确定谈判底线的基础上，还要认真考虑谈判破裂后的退路。例如，企业在售房时，要预先考虑到在底线价格上若不能顺利成交时，下一步应该怎样办？是出租？还是将楼房拆掉改建其他设施？或是长期持有以等待理想的买主？

2. 实力弱于己方的谈判对手。当对手实力较弱时，对己方而言，既有有利的一面，即能够给己方较大的回旋余地和主动权；也可能使己方疏忽大意，犯不该犯的错误，痛失机遇，不能够实现预定的谈判目标。因此，在有利条件下，谈判人员仍应精于谋略，抓住时机，争取最佳结果。

（1）先声夺人策略。实施先声夺人策略要求谈判人员事先深入分析和研究对手的各方面情况，包括对手的财务状况、市场地位、对谈判的渴求程度、过去经常使用的谈判策略和手法等。在谈判进入正式阶段之后，我方可以口气婉转地指出对方的某些不足之处或不现实的想法。

（2）出其不意策略。在谈判中占优势的一方采用出其不意策略旨在给对方施加压力，促使其以对己方最有利的条件达成协议。

（三）根据对手的谈判手段制定策略

从谈判手段上看，可以将对手划分为两大类：一类是法制观念较强，靠正当手段取胜的谈判者；一类是靠搞阴谋、玩诡计，不择手段取胜的谈判者。对于前者，可根据其特点分别采用上述各种策略；对于后者，则要倍加小心，及时识破其阴谋，并采取恰当的对策。

1. 对付以假乱真的策略。有的谈判者为了诱骗谈判对手上当，使用各种各样的卑鄙手段和做法。例如，向买方提供虚假成本报告或价目表一类的内部资料，而有些天真的买方却轻信这些文件上的数据，结果吃了大亏。

2. 对付车轮战的策略。在商务谈判中，有些人惯于先让下属出面与对手谈判，提出苛刻的条件，使谈判出现僵局，待双方都精疲力竭时，主要负责人再出面与对手进行实质性会谈。这时对于在心理上和气势上都处于弱势，很可能做出过多的让步，达成对其不利的协议。

3. 对付出假价的策略。所谓出假价，是指买方先用出高价的手段挤掉其他的竞争对手，成为卖方的唯一客户，然后再与卖方重新开始讨价还价，迫使卖方在买方市场条件下以低价出售产品或服务。例如，在房地产交易中，买方看到某一卖方以 200 万元的价格出售一问房屋的广告，该买主先以 190 万元的出价和 1 万元的订金将其他几位出价在 180 万元左右的买主挤掉，然后采取拖延手段迟迟不付款成交。在卖方一再催促下，他又以此类房屋的市场价格是 170 万元为借口，迫使卖方让步。而卖方可能由于急需资金或再次登广告费用太大等原因，被迫以 170 万元成交。

4. 对付心理战的策略。有的谈判者为了使自己获得更多的好处，有意给对手制造心理压力。例如，给对方提供较差的谈判环境，或在谈判时面对阳光而坐等。又如，在谈判中突然退席与他人交谈，或故意不听对方讲话，然后又要求对方重述。再如，在谈判之余，有的有意评价你的性格、衣着和风度，讲一些使你不愉快的话等。

二、针对对手的策略

（一）声东击西策略

声东击西策略是指双方对阵时，一方为更有效地打击对方，造成一种从某一面进攻的假象，借以迷惑对方，然后攻击其另一面。使用此策略的目的，往往是掩盖真实的企图。只有在对手毫无准备的情况下，才容易实现目标，声东击西的策略就是要达到乘虚而入的目的。

案例分析 ✎➪

新光厂的成功

新光厂欲从日本 A 公司引进电视机生产线。谈判开始后 A 公司坚持按过去卖给 X 厂的价格定价，坚决不让步。双方谈判陷入僵局。

新光厂为保持主动地位，开始与日本索尼公司接触，洽谈同一项目，并且有意将此信息传播出去。A 公司信以为真，不想失去这笔交易，于是很快接受了新光厂提出的价格。此价格比 X 厂的价格低 26%。

思考题 ❓

分析新光厂低价成交的原因。

（二）幽默拒绝策略

幽默拒绝策略是指无法满足对方提出的不合理要求，在轻松诙谐的话语中拒绝对方，或通过讲述一个精彩的故事让对方听出弦外之音，这样既避免了让对方难堪，又转移了话题。

案例分析 ◦◦◦→

巧拒基辛格

1971 年，基辛格博士为恢复中美外交关系秘密访华。在一次正式谈判尚未开始之前，基辛格突然向周总理提出一个要求："尊敬的总理阁下，贵国马王堆一号汉墓的发掘成果震惊世界，那具女尸确是世界上少有的珍宝啊！本人受我国科学界知名人士的委托，想用一种地球上没有的物质来换取一些女尸周围的木炭，不知贵国愿意否？"周总理听后，随口问道："国务卿阁下，不知贵国将用什么来交换？"基辛格说："月土，就是我国宇宙飞船从月球上带回的泥土，这应算是地球上没有的东西吧！"周总理哈哈一笑："我道是什么，原来是我们祖宗脚下的东西。"基辛格一惊，疑惑地问道："怎么？你们早有人上了月球，什么时候？为什么不公布？"周总理笑了笑，用手指着茶几上的一尊嫦娥奔月的牙雕，认真地对基辛格说："我们怎么没公布？早在 5 000 多年前，我们就有一位嫦娥飞上了月亮，在月亮上建起了广寒宫住下了，不信，我们还要派人去看她呢！怎么，这些我国妇孺皆知的事情，你这个中国通还不知道？"周总理机智而又幽默的回答，让博学多识的基辛格博士笑了。

思考题 ？

在学习与生活中，你一定有过想拒绝又难拒绝他人要求的时候，试为自己设计相应的话语，使用幽默拒绝策略。

（三）疲惫策略

疲惫策略是指和对方展开拉锯战，或是从体力上使对方感到疲劳，从而使对方精神涣散、反应程度降低、工作热情下降，进而己方反守为攻，促使对方接受己方条件的一种策略。

1. 疲惫策略的具体做法。这主要是从劳力和劳心两个方面入手。

（1）劳力。劳力就是从谈判对手的体力上做文章，即谈判双方拼体力和耐力。前者为物质的，即身体健壮与否；后者拼精神，即看谁的意志顽强。这主要反映在谈判日程安排上。谈判日程密且长，无节假日，一口气连续谈判，或单日议程安排超长，早上、中午、晚上都安排谈判，甚至延续到次日凌晨，即"挑灯夜战"。谈判日程内容多，完成的议题多而复杂，让人眼花缭乱，脑子发胀。

（2）劳心。劳心就是让对手心烦意乱，不可自制，造成一方暴躁、一方平静的局面，以从中伺机得利。劳心主要运用乏味的陈述和蓄意的挑衅等手段。乏味的陈述为：烦琐的表述方式；空空如也的词句；夹杂颠三倒四的论证；还有让人啼笑皆非的形容；使人哭笑不得的一本正经的态度等，极尽"烦人"之能事。蓄意的挑逗为：明知故问地向对手提问题；明知言之无物还信誓旦旦地向对方表示诚意；明知对方怨气在积蓄还礼貌地请求对方再耐心地忍一会儿；明知对方极为不满还假惺惺地表示在谈完自己的观点后愿洗耳恭听对方的批评意见；等等。总之，让对方气不打一处来，却又不好失礼，结果是对方只觉得头脑嗡嗡作响。

2. 疲惫策略的运用。可以从以下几个方面运用疲惫策略：一是连续紧张地举行长时间的无效谈判，拖延谈判和达成协议的时间；二是在谈判中使问题复杂化，并不断提出新问题进行纠缠；三是在谈判中制造矛盾，采取强硬立场，或将已谈好的问题推翻重来，反复讨论；四是在谈判间隙，举行投对方所好的活动，使对方保持浓厚的兴趣，直至疲惫；五是热情、主动地利用一切机会与对方攀谈，甚至在休息时间拜访对方，使对方缺少必要的休息。

3. 运用疲惫战策略有两点忌讳：一忌强迫。要超强度安排谈判日程时，必须首先征得对方的同意，以确保谈判结果的合法性、有效性。二忌粗心。采用疲惫策略，双方都累，运用者必须自己清醒，必须仔细核对每一项交易内容，而让对方疏忽、遗漏、出差错。否则，就成了"搬起石头砸了自己的脚"。

案例分析

生产线销售谈判

甲公司欲销售一条生产线给乙公司。甲方多次到乙方所在地交流、谈判，也请乙方到甲方工厂参观考察，双方决意合作。不过，乙方留了两个议题：甲方的条件与成交的时间。对此，甲方认为不应成问题。于是，双方约定到乙方所在地谈判。

双方在乙方公司的办公楼里连续谈判了4天，进度不快也不慢，关键是甲方谈判的8位成员谨慎细致，对各种条件把得很紧，离乙方要求有相当差距。

乙方看到进度和条件均不尽人意，于是提出了批评意见："贵方谈判是否有问题，4天过去了不见进展。有些条件本来是明显的，也被贵方专家搞复杂了。这么下去什么时候能谈完?"

甲方:"时间进度我们不会耽误,不把问题都谈清楚也不行。"

乙方:"事情当然要谈清,但何时能达成一致呢?"

甲方:"这是双方的责任,希望贵方也努力。"

乙方:"我方可以配合贵方,充分利用贵方来访的时间。"

甲方:"只要贵方有这个态度,我相信能很快谈完。"

这么一交锋后,果然进度快了不少,关键是双方的态度都做了调整,配合默契多了。到了星期六,谈判进展很大。

星期六是周末,对于谈判人员来说也存在一种期盼。能否结束谈判呢?上午和下午的谈判,双方人员似乎上足了发条,全力向前推进。然而在关键问题——最后的设备价格上,谈判陷入了僵局。下午散会时,甲方问乙方:"什么时候再谈?"乙方说:"今天是周末,下周一再谈吧。"甲方又问:"不知贵方愿意不愿意今天继续谈判,趁热打铁或许会有奇迹出现。"此话正合乙方之意,于是乙方说:"贵方是客,我方可以陪你们继续谈,不过不希望像下午谈判那样僵着,不前进。"甲方说:"谢谢贵方配合,我方也希望向前进,僵持着对谁都没有意义。"乙方又说:"晚上办公楼可能没有人服务,人多了有所不便。""那可以到我们住的饭店来谈判。"甲方说。

晚饭后,双方人员在甲方住的饭店继续谈判。这是一个套房,有床有沙发,还有个大圆桌,喝水也较方便,大家认为条件还不错。谈判围绕最后的分歧——设备价格进行,一会儿评,一会儿议,一会儿对某些设备价做调整,但价格差距仍没有明显缩小。甲方于是让乙方改变设备构成,取消部分外购设备,改由乙方内购。乙方对此予以反击,认为技术水平难以保证,并批评甲方不做努力。尽管如此,甲方还是改善了价格,乙方也做了部分设备的调整,或外购改内购。时间就这么一点一点地过去,直到次日凌晨4点,双方终于走到一起,握手成交。当这一刻到来时,甲方人员感到筋疲力尽,全都躺在沙发上睡着了。而乙方人员在主谈人的带领下,清点资料,核对成交结果,发现己方所需的内容(指降价)均在,而己方同意去掉的部分设备并未去掉。于是,全体谈判人员欣喜地离开饭店回家。此时,已是清晨5点多了。

按约定,一个月内该签合同了。签订合同后,三个月内乙方开始付第一笔款,甲方开始交付第一批货。交付时,甲方通知乙方:"合同内容有问题。原来双方同意去掉的十几台设备,计20多万美元,没有从清单中抹去。"乙方问:"为什么?"甲方回答:"由于当时很疲惫,成交后没有复核设备清单。"乙方说:"不可能。贵方成交时因极度困倦而未核清单,那么签约时也在睡觉吗?我方认为不存在遗忘问题,而是讨价还价的结果。"双方在互通函电后,又派人面谈交涉该问题。甲方坚持"是遗忘造成的",乙方强调"合同已生效,不能随便改"。面对这个争议,双方最后只得妥协,以使合同安全执行。乙方说:"考虑到双方合作,我们可以让一步,减少一半,即10多万美元的设备,其他不能动。"甲方说:"谢谢,我方只好接受贵方建议。"

本案中,乙方以多付10多万美元的代价结束了合同执行后的争议。对于乙方来说,其疲惫战策略运用得很成功。其一，乙方有备而来——志在必得；其二，既节省了时间，又抗住了自己的疲惫，保持了清醒；其三，坚持最后的复核，确保谈判成果不流失。

总结：

在疲惫策略在运用中，需双方同意加班加点谈判，在此前提下，它的作用才能真正体现。本案表现有谈判组织的一面，这是客观需要；又有运用策略的一面，这是主观目标。从买卖双方的表现看，有三个值得思考的地方。

（1）搬起石头砸自己的脚。本案中创造疲惫战策略条件的是甲方，然而正是甲方自己在谈判结束时，被疲惫所降服，全体人员马上入睡了，从而酿下苦果。这证明谈判人员对自己的决议造成的后果估计不足。同时，对谈判的策略背景没有防范之心和相应措施。

（2）因势利导求收益。本案中乙方作为响应者，化被动为主动，促进交易的完成。这么做让甲方高兴、满足，又麻痹了其斗志，为己方策略的运用创造了机会。在结束谈判时，甲方人员因疲惫而没与乙方核对最后成交内容，而乙方利用了甲方的这个缺陷，进行了自查，确信自己的利益没有受损才离开甲方住地。这样既保住了已得利益，又把握住了可能得到的利益。

（3）策略的收益不能白失。被疲惫战打倒的甲方，恢复清醒后，再去讨要因失误造成的损失，这是很困难的。作为乙方也不可能将意外收益拱手相让，何况双方已进入实质性执行合同阶段。在双方协商中，在双方对合同的顺利履行中，乙方做了适量的让步，但不是白白损失，它换回的是此后合同执行的安全。

（四）吹毛求疵策略

吹毛求疵策略就是谈判中处于劣势的一方对有利的一方谈及对方实力或优势时采取回避态度，而专门寻找对方弱点，伺机打击对方。一般来说，买方的挑剔范围是在商品质量、性能、价格、运输等方面寻找"疵点"。

案例分析

买冰箱

王先生去一家商店买冰箱，营业员向他询问了规格，告诉他该规格冰箱售价为2 000元。王先生观察了一下，告诉营业员冰箱外表不够光滑，颜色也跟他们家厨房不很相配，最后还特地针对冰箱带的制冷器对营业员说："这冰箱有制冷器吗，我儿子不能吃冰，我看就不需要了。"最终，王先生以优惠价买到了他喜欢的这款冰箱。

思考题？

王先生为什么能以优惠价买到冰箱？

分析提示：

吹毛求疵是在讨价还价中常用的压低对方报价的方法，有时会很有效。

（五）故布疑阵策略

故布疑阵策略指谈判中一方利用向另一方泄露虚假信息的手段，诱其步入迷阵，从而取得优势的一种方法。这些手段主要有故意在谈判室或走廊上遗失备忘录、便条或文件夹，或者把它们放到对方容易找到的字纸篓里。有时还让第三者打来虚假电话。故布疑阵策略主要利用了对方想获取有关己方谈判秘密的心理，不露痕迹地向对方泄露所谓的秘密材料，陷对方于假象之中。一般人的心理是，由间接途径或偶然得到的消息比直接得到的信息更可信任、更有价值。

案例分析 ∘∘∘⟹

虚假绣球

有位承包商得到了一个大型项目的承包合同，但他需要把大部分工程转包给其他承包商。按惯例，他采取招标的办法选择承包商。每当有投标者来访时，他都会借故出去几分钟，让投标者有机会意外地发现一张手写的竞价单，让投标者以为自己只要出更高的价格就可以挤掉其他竞标者而中标，哪里知道自己其实已落在主人的算计之中。

思考题 ?

在谈判时如何防止对手抛出的虚假绣球？

分析提示：

要多问问自己为什么会这么"巧"，谈判为什么会这么顺利？

三、适用谈判过程的策略

这些谈判策略是对于谈判过程中可能出现问题的解决方式。主要有：挡箭牌策略、针锋相对策略、最后通牒策略、软硬结合策略、强调双赢策略、略显惭愧策略。这些策略可以单独使用，也可联合使用。

（一）挡箭牌策略

挡箭牌策略是指谈判者以"假人"为"挡箭牌"，推出假设决策人，表示自己权力有限，无法做出决策，以此来隐藏自己，金蝉脱壳。"挡箭牌"

可以是上级，也可以规章制度为"挡箭牌"。这种策略的应用可以使我们在遇到棘手的问题时，争取更多的思考和决策时间，不必马上回复对方的要求。

案例分析 ◦◦◦→

失约的委托人

谈判学创始人、美国谈判学专家杰勒德·I. 尼尔伦伯格有一次受人委托参加谈判，这位委托人的律师和尼尔伦伯格都到了，而他自己却失约了。等了好长时间后，委托人仍未到来。于是，尼尔伦伯格建议不用等了，就开始谈判吧。随着谈判的进行，尼尔伦伯格发现自己正顺顺当当地使对方做出了一个又一个的承诺。而当对方要求尼尔伦伯格做出相应的承诺时，他却回答："啊，真对不起，我的授权实在有限。"就这样，尼尔伦伯格以一个代理人的身份为委托人争得了对方的许多让步，而他自己却无须以任何方式向对方做出承诺。

（二）针锋相对策略

商务谈判中我们往往发现有些难缠的人，类似铁公鸡——一毛不拔，他们往往报价很高，然后在很长时间内拒不让步。如果你按捺不住，做出让步，他们就会迫使你接着做出一个又一个的让步。美国的心理学家针对这样的谈判者做了一些实验，分别让采取不同让步程度的谈判对手与之进行谈判。结果表明，对于这种强硬难缠的谈判对手，最好的办法就是以牙还牙，针锋相对，自己也成为难缠的谈判对手。但需要注意的是，与对手针锋相对不是目的，只是达成目标的手段，因此对也要注意适度。

（三）最后通牒策略

最后通牒是指双方一直争执不下，对手不愿让步接受己方条件时，己方抛出最后通牒，对手如果不在某个期限内接受己方的条件并达成协议，己方就要退出谈判，宣布谈判破裂。

最后通牒策略以极强硬的形象出现，是万不得已时而使用的策略。它的最后结果是可能中断谈判，也可能促使谈判成功。因为一般来说，谈判双方都是有所求而来的，谁都不愿白白地花费精力和时间空手而归。特别是在商务谈判中，任何一个商人、企业家都知道，自己一旦退出谈判，马上就会有许多等在一旁的竞争者取而代之。

即便如此，使用最后通牒策略也必须慎重，因为它实际上是把对方逼到了毫无选择余地的境地，容易引起对方的敌意。

使用这一策略，己方需要注意的是：

第一，谈判中己方必须处于有利的主导地位，这是运用这一策略的前提条件。

第二，必须在谈判的最后关头才能应用这一策略。当谈判双方都花费了大量的人力物力之后，双方都想结束谈判的心理是非常明显的，这时候恰到好处地抛出最后通牒，对方有可能因为不舍得以前已花去的大量成本而接受条件，达成协议。

第三，最后通牒的提出必须清晰、坚定且毫不犹豫，不能给谈判对手以心虚、模糊、不自信的感觉。

（四）软硬结合策略

该策略又叫黑白脸策略，指在谈判中有两种完全不同性格的谈判人员共同配合以达到谈判目的的策略。黑脸一般由律师等法律人员扮演，会表现得苛刻、强硬，立场坚定，毫不妥协，让对手产生极大的反感。而白脸一般由主谈人员扮演，会表现出体谅对方的难处，用合情合理的态度体谅对方的要求，放弃己方一些过于苛刻的要求。

（五）强硬谈判策略

强硬谈判策略即谈判的一方声称某些条款没有任何考虑、通融的余地，通常的做法是强硬固执地坚持某些要求，先向对方摊牌，然后迫使对方让步。

案例分析 ○○○⟹

撒切尔夫人的强硬智慧

英国前首相撒切尔夫人由于强硬的工作作风，素有"铁娘子"之称，这一点也在她的谈判工作中也得以体现。

1979 年 12 月，欧洲经济共同体（EEC）的各国首脑在柏林举行关于消减预算的谈判。会谈中，撒切尔夫人提出一项协议草案。她的理由是，英国对 EEC 负担的费用太多了，由于征收预算款额方法中的偏差，尽管英国投入了大笔资金，但并没获得应享有的各项利益。为此，她强烈地坚持自己的主张，要求将英国负担的费用每年减少 10 亿英镑。这项议案必须得到所有成员国的同意才能生效，因为在 EEC 内重大问题的决定上采取"一致同意"的原则。当撒切尔夫人的议案提出后，各国首脑脸上的微笑立即消失了，他们答应只能削减 2.5 亿英镑，并认为这已经是极限了。在谈判中，向对方提出比自己的期望更高的要求，是谈判中的一个重要方法。EEC 各国首脑们深信只要将撒切尔夫人提出的要求削减 3 亿英镑，就可以顺利达成协议。然而，撒切尔夫人是位坚毅固执的女性，素有"铁娘子"之誉。她坚持自己的主张，结果是双方差距太大，谈判出现僵局。而这个结果，撒切尔夫人早在去柏林开会之前就已预料到了。她提出了一个非常高的要求，并坚持这一要求。她有她自己的规则，而且迫使 EEC 也按她的规则办事。首先，她提出了要求削减款额的理由，把要求削减的这 10 亿英镑称为是"英国的钱"，她一直这么说，使 EEC 各国的首脑们非常愤怒，尤其是法国、联邦德国和丹麦的首脑。因为如果预算规则加以改变，前两个国家所受到的损失将最大。就这样，谈判没能继续下去，双方脱离了接触。

实际上，谈判早期出现僵局不一定是坏事。因为，当对方的要求太强硬或者施加压力时，另一方最好暂时退离。暂时离开，恰恰显示了自己的独立性，显示了自己的坚定立场，毫无妥协余地。如果一方想将生意做成，那他会修正目标，主动地接近对方。值得注意的是，一定要抓住时机。在制造僵局时必须是对方对自己要给他们的那些东西很感兴趣的时候。否则，对方会让这种僵局一直持续下去，迫使自己重新回到谈判桌前，那时的效果将适得其反。在 EEC 的谈判中，特别是在意见相持不下时，双方均使用了威胁手段。撒切尔夫人告诉众议院，原则上依照她所提出的方案执行，并暗示没有选择余地。同时，也含有警告各国的意见。而且这样做，又可对居于领导地位的法国施加压力。因为当时的法国正在破坏 EEC 的规约，禁止英国的羊羔进口，并以另一种手段向英国报复。他们在报纸上刊登英国已在 EEC 各国之间采取低姿态，试图以准成员的身份解决这个问题。这就是说，法国知道用什么方法打击英国。改变对方的期望可能非常困难，但必须设法向对方传递信号，通过各种各样的暗示，来降低对方的期望，使他们逐渐认识到不可能得到他想得到的东西。如果两个性格刚毅的讨价还价者的目标相距甚远，而且都固执己见，那么双方意愿所产生的撞击将极其猛烈。双方都有可能退出谈判，不再往来。如果他们处于双方不得不继续在一起工作，并必须达成协议，且必定发生冲突性讨价还价的情况，那就要施加很大压力和强制力。

撒切尔夫人与 EEC 的这场谈判中，双方的目标值相差很远，撒切尔夫人想得到接近 9 亿英镑的解决方案，EEC 各国则想用 3 亿英镑左右解决问题。如果要解决这一问题，一方或双方就必须改变他们的预期想法。首先突破的是法国，他们提出 3.5 亿英镑的让步、英国拒绝了；后来联邦德国提出 8 亿英镑的让步，但只限 1 年，英国也拒绝了。撒切尔夫人强调的是每年都应减少。不久，EEC 国家必须就给共同体农场主增加补偿支付额的问题上达成协议，并且每个成员都必须同意这点，否则就无法做出决定。这是 EEC 的议事原则。法国和联邦德国由于政治上的原因都希望增加支付额，因为当年这两个国家都要举行总统大选，他们不想使自己的农场主集团觉得不舒服。撒切尔夫人没有明显地表示不同意这项农场主议程，她没有把这两个问题拉到一起。但大家都清楚，只有就她的 EEC 预算支付问题达成协议，英国才有可能在农场主问题上进行合作。这一年 5 月的 EEC 外长会议没有达成协议，后来联邦德国也撤回了他们减少 8 亿英镑只限 1 年的建议。

（六）略显惭愧策略

略显惭愧策略正如其名字，是指在谈判中不要表现得过于咄咄逼人，要根据实际条件而时常显得谦恭，不给谈判对手以锋芒毕露的感觉。这样既可以使谈判双方比较融洽地完成谈判过程，又可以使己方不至于在和对方激烈的争论中言多语失，暴露己方的策略。但这个策略的应用也需要看实际情况，不能在什么时候都显得惭愧，这样会让对手觉得你软弱可欺。

四、互利型谈判策略

互利型谈判策略是建立在谈判双方互利互谅、有理有节原则基础上的谈判策略在谈判中采用这类策略，对双方都有益处，它主要包括以下六种形式。

（一）休会策略

休会是谈判人员比较熟悉并经常使用的基本策略，是指在谈判进行到某一阶段或遇到某种障碍时，谈判双方或一方提出中断会议，休息一会儿的要求，以使谈判双方人员有机会恢复体力、精力和调整对策，推动谈判的顺利进行。

从表面上看，休会是为了满足人们生理上的需要，使谈判人员从紧张、正式的谈判中脱身，放松以一下，恢复体力和精力，以利再战。但实际上，休会的作用已远远超出这一含义。它已成为谈判人员调节、控制谈判过程，缓和谈判气氛，融洽双方关系的一种策略技巧。

（二）假设条件策略

假设条件是指在谈判的探测阶段，提出某种假设情况，试探对方的底细。这里的假设包含着虚拟的假设和真正的假设。

（三）开诚布公策略

开诚布公策略也叫开放策略，是指谈判人员在谈判过程中持诚恳、坦率的态度向对方袒露自己的真实思想和观点，实事求是地介绍己方情况，客观地提出己方要求，以促使对方通力合作，使双方在诚恳、坦率的气氛中有效地完成各自的使命。

当然，并不是在任何谈判中、任何情况下都可以采用这一策略的。

实际上，百分之百的开放是不可能的，也是不现实的。在谈判中，不讲实情，是出于某种策略，讲出实情，也是策略需要，采取开放策略是要以取得好的效果为前提的。

在运用这一策略时，应针对双方洽商的具体内容介绍有关情况，不要什么问题都谈。

（四）润滑策略

谈判人员在相互交往过程中，经常会互相馈赠礼品，以表示友好和联络感情，这被西方谈判专家称之为"润滑策略"。

正如开诚布公策略一样，人们对这一策略的褒贬评价各不相同。反对者认为，赠送礼品有行贿之嫌，而接受礼品者有受贿之嫌。赞成者认为，赠送礼品是人之常情，也是表达双方感情的一种方式，有助于谈判成功。我们同意后者观点。特别是在涉外谈判中，互赠礼品同互致问候一样，是双方友好交往的必要手段。我们国家领导人出访，国外来宾都要互赠礼品，以示友好。因此，在涉外谈判中，应当学会运用这一策略。

赠送礼品是一个十分敏感而又微妙的问题，一定要慎重，否则会适得其反。

（五）留有余地策略

在双方谈判过程中，如果对方提出某项要求，即使是一方能够满足另一方的要求，最好不要马上就答应下来，必要时，答复其主要内容，留有余地，以备讨价还价之用。

从表面上看，这项策略同开放策略背道而驰。因为后者倡导开诚布公，而前者似乎着意在"留一手儿"，但实际上这两项策略并不抵触，因为两者的目标是一致的，都是为了达成协议，只是实现目的的途径不同而已。

留有余地策略应用的时机，恰好是在开放策略失效之时，如果发现谈判对手比较自私，甚至只想乘人之危钻空子，最好就是采用这项策略。

（六）私下接触策略

在谈判过程中，双方人员都有比较充裕的时间进行休整，包括休息、就餐、娱乐。如果谈判人员能充分重视这些"业余时间"，有意识、有目的地与谈判对手私下接触，不仅可以增加双方的友谊，融洽双方关系，而且还会得到谈判桌上难以得到的东西。

私下接触也是一种非正式的会谈。每当双方端坐在谈判桌前为各自的利益讨价还价时，都要受到会谈气氛的影响。谈判各方为了表示出强大与自信，战胜对手，都要从各个方面武装自己、防备对方。因此，在这种情况下，求得双方妥协让步、达成协议是件费力而艰苦的工作。但私下接触却能较好地解除这些戒备和武装。娱乐、游玩、就餐活动等能很好地创造出轻松愉快的气氛，双方的交谈随意、活跃，对立的情绪也荡然无存，对对方的防备和警惕性大大降低，许多人在对方的盛情款待下变得十分慷慨。当然，这种口头承诺并不等于谈判协议中商定的条款，但至少你找到了问题的突破口。如果能掌握好时机，乘胜追击，那么，这种承诺就会是合同中的条款。

双方越熟悉，合作的时间越久，运用私下接触策略效果越好。如果双方个人间的友情已远远超过了公司之间的关系的话，那么，私下接触甚至比正式谈判还要重要。

五、其他实用谈判策略

(一) 吊筑高台策略

吊筑高台策略是指卖方提出一个高于己方实际要求的谈判起点，来与对手讨价还价，最后再做出让步，以达成协议的谈判策略。

一位美国商业谈判专家曾在两千位经理中做过许多试验，结果发现这样的规律：如果卖主出价较低，则往往能以较低的价格成交；如果卖主喊价较高，则往往也能以较高的价格成交；如果卖方喊价出人意料地高，只要能坚持到底，则在谈判不致破裂的情况下，往往会有很好的收获。可见，吊筑高台策略的运用，能使自己处于有利的地位，有时甚至会收到意想不到的效果。

运作这种策略时，喊价要狠，让步要慢。凭借这种方法，谈判者一开始便可削弱对方的信心，同时还能趁机考验对方的实力并确定对方的立场。

案例分析 °°°⟶

尤伯罗斯与奥运赞助商的谈判

1984 年，美国洛杉矶成功地举办了第 23 届夏季奥运会，并赢利 1.5 亿美元，创造了奥运史上的一个奇迹。这里除了其组织者、著名青年企业家尤伯罗斯具有出色的组织才能和超群的管理才能外，更重要的是得益于他卓越的谈判艺术。第 23 届夏季奥运会的巨额资金，可以说基本上是尤伯罗斯谈出来的。而他运用的谈判策略正是：吊筑高台，喊价要狠。

当时，尤伯罗斯一开始就对赞助商们提出了很高的条件，其中包括每位赞助商的赞助款项不得少于 400 万美元。著名的柯达胶卷公司开始自恃牌子老，只愿出赞助费 100 万美元和一大批胶卷。尤伯罗斯毫不让步，并断然把赞助权让给了日本的富士公司。后来的柯达公司虽经多方努力，但其影响远远不及获得赞助权的富士公司。

很高的要价并未吓跑赞助商，由于奥运会的特殊地位和作用，其他各方面的赞助商都纷至沓来，并且相互之间展开了激烈的竞争。最后，尤伯罗斯在众多赞助商中挑选了 30 家，成功解决了奥运会举办所需的全部资金，从而提高了奥运会的身价，也增强了奥运会承办者的信心。

(二) 抛放低球策略

抛放低球策略是指先提出一个低于己方实际要求的谈判起点，以让利来吸引对方，试图首先击败参与竞争的同类对手，然后再对被引诱上钩的卖方进行真正的谈判，迫使其让步，达到自己的目的。

商业竞争从某种意义上可分为三大类，即买方之间的竞争、卖方之间的竞争以及买方与卖方之间的竞争。在买方与卖方之间的竞争中，一方如果能首先击败同类竞争对手，就会占据主动地位。当对方觉得别无所求时，就会委曲求全。

这种抛放低球策略，是一种在多角谈判中竞争的策略。这种策略在各类商务谈判中被大量运用。

案例分析

　　某君从报纸上得到一则卖房信息，据了解房主由于有海外关系准备举家迁居国外，从而变卖房产。当时登门买房的人很多，报价多在 250 万 ~ 260 万元之间。该君经过琢磨后报出了一个最高价 268 万元。这个报价理所当然地被房主所选中，房主便回绝了其他所有买主。当房主要与该君办理正式买卖手续时，没想到真正的谈判才刚刚开始。该君开始挑毛病，拖延时间。他想只要多拖些时日，房主又急于出国，房主想不与他合作，再重新登广告寻找新买主已经来不及了。该君提出该房在一层，夏天很潮，没有阳台，周围环境不太好，蚊虫较多。另外以前的设计不好，客厅、卫生间过小，现在已没有这种设计了，要重新装修还要花一笔钱，并表示对此住房不很称心，不太愿意买了。卖主出国日期临近，已没有其他买主，最后不得不降价成交。就这样，该君运用抛放低球策略，先击败其他买房的竞争对手，然后迫使卖主就范，以较低的价格成交获得了成功。

（三）趁隙击虚策略

趁隙击虚策略是指捕捉和创造有利的时机，趁对手之隙，攻击其短处或漏洞，变对方的疏忽为我方的利益，从而在谈判中处于有利地位。

"墙坏于其隙，木毁于其节"，这是《鬼谷子·谋篇》中的话，对我们不无启迪。作为谈判人员就应当善于捕捉对手之"隙"和"节"，利用对手的点滴失误和遗漏，抢先行动，攻其不备。

在谈判实践中，一定要从全局出发，通盘考虑，不可因小利而失了大利。应事事慎重，不得有小的偏差，以防"千里之堤，溃于蚁穴"。一般说来，急于进攻的一方，会主动释放出一些信息，容易露出破绽，谈判另一方就要善于发现和利用这些破绽。

（四）走马换将策略

走马换将策略是指在谈判桌上的一方遇到关键性问题或与对方有无法解决的分歧时，借口自己不能决定或其他理由，转由他人再进行谈判。这里的

"他人"或者是上级、领导，或者是同伴、合伙人、委托人、亲属和朋友。

运用这种策略的目的在于：通过更换谈判主体，侦探对手的虚实，耗费对手的精力，削弱对手的议价能力；为自己留有回旋余地，进退有序，从而掌握谈判的主动权。作为谈判的对方，需要不断地听取使用走马换将策略的这一方陈述情况，阐明观点，面对更换的新的谈判对手，需要重新开始谈判。这样会付出加倍的精力、体力和成本，时间一长，难免出现漏洞和差错。这正是运用走马换将策略一方所期望的。

走马换将策略的另外一个特点是能够补救己方的失误。前面的主谈人可能会有一些遗漏和失误，或谈判效果不尽如人意，则可由更换的主谈人来补救，并且顺势抓住对方的漏洞发起进攻，最终获得更好的谈判效果。

（五）以退为进策略

以退为进策略是指在谈判中以做出实际的退让为条件，达到进一步进攻的目的。这里的退，往往是为了进。有的此时退，是为了彼时进；有的在这里退，是为了在那里进；有的暂时退，是为了长远的进。

这一策略的高明之处在于，纵观全局，通盘考虑，不计一时之得失，退一步是为了进两步。在谈判中，老练的谈判好手经常使用这一策略。它需要谈判者具有远见卓识和高人一筹的独到见解。

案例分析 ∘∘∘⇨

一位新加坡华裔客商与我国山东某进出口公司洽谈大蒜生意。第一轮谈判时，中方代表报价为每吨大蒜最低720美元，而外商最高出价705美元。因双方立场坚定，谈判陷入僵局。

三天之后，双方再次坐到谈判桌前。中方基于当时正值大蒜收获期，如不尽快成交，错过收购时机，不但质量保不住，而且收购价格要看涨。另外当时美元与人民币汇价日趋上浮，如及时结算，又等于提了价。如果以705美元一吨成交，虽然比上海嘉定蒜卖价便宜些，但也基本符合国际市场行情。

为此我国公司决定以705美元一吨的价格与之成交，一下让了15美元。不料买主采用逆向行动，自动将买价提高了5美元，这令我方大为惊讶。

合同正式签字生效以后，对方谈判代表为我方揭开了其中的奥秘。对方谈判代表说：第一，新加坡华人多，而他的老主顾主要是北方籍人，对蒜的味道要求越浓越好。上海嘉定蒜虽是名牌，但不如山东蒜味辣。第二，他祖籍山东，希望能建立长期友好合作关系。此次每吨多添5美元，少赚1万美元，相信贵公司会牢记在心。以后一旦有事求，贵公司恐怕不会拒绝。第三，做生意，并不需要对一点蝇头小利都不放过。如果你过于斤斤计较，会令对方产生反感，以后就不会找你做生意了。从这一次表面上看是赢家，从长远来看实际上是输家。

　　果然，发货时，该客商的让价即得到了回报。原来事情是这样的。青岛口岸每月只有一班轮船到达新加坡，正好延误了，要再等一个月，就很难在新加坡提早上市，不仅卖不了好价钱，而且风险很大。为此该客商把自己的处理和盘托出，请我方把发货口岸改为上海，因为上海近期有到新加坡的轮船。

　　中方已领了对方的情，这次也就不好拒绝了。同时，中方从运费来看并不亏，从大蒜产地运到青岛港用的是汽车，而运往上海港可改用火车，运输距离虽远，但运费并没有增加。试想一下，如果当初对方当时锱铢必较，生意即便做成了，这次想要求中方改变运输路线就不那么容易了，恐怕就要付出更大的代价了。

　　由此可见，为了在谈判中获取更大的利益，适当的让步是一种有效的方法。你退一步，谈判双方皆大欢喜，关系融洽，交易总成本并不会上升，使以后再进两步也成为可能。在市场秩序日益健全，人际关系日趋融洽的今天，以退为进是一种很值得推崇的谈判策略。

（六）步步为营策略

　　步步为营策略是指在谈判中，谈判者试探着前进，不断地巩固阵地，不动声色地推行自己的方案，让人难以察觉，从而收到以小换大、得寸进尺之功效。

　　在许多谈判中，往往不能一下子就达成协议。在谈判开始之时，买卖双方均有多种方案，但这些方案的转变或让步是在对方施加压力的条件下才释放出来的，双方谈判时都有一个谈判协议区间，在这区间里各部分内容都会有水分，也就是说，对对方的要求可做出让步，但让步的幅度会越来越小。

　　使用步步为营策略的一方应小心谨慎，力戒急躁和冒进，否则就不会获得成功。

　　有人久攻不下，就急躁起来，最终只好半途而废；有人一次冒进太多，被对手抵挡回来，也收不到应有的效果。所以在运用策略时要注意技巧，任何策略一旦被对方识破，将一文不值，甚至会使己方反受其害。

　　作为防守步步为营策略的一方，应该在每次让步之间就想好它对对方的可能影响及对方可能会有什么反应。一般说来，对方不会注意让步本身，即使得一个比较大的让步，对方仍会觉得不够，而向己方提出更多的要求，会一直如此循环下去。所以己方让步时必须先想清楚，如果自己做出这个让步，对方再有更多的要求时，己方该如何应付。这将有助于己方决定是否应该让步，以及怎样抵挡对方步步为营的策略。

（七） 欲擒故纵策略

欲擒故纵策略是指在谈判中的一方虽然想做成某笔交易，却装出满不在乎的样子，将自己的急切心情掩盖起来，似乎只是为了满足对方的需求而来谈判的，从而使对方急于谈判，主动让步，最终实现先"纵"后"擒"的目的。

具体做法是，注意使自己的态度保持在不冷不热、不紧不慢的状态。比如在日程安排上，不是非常急迫，主要附和对方。在对方态度强硬时，让其表演，不慌不忙，不给对方以回应，让对方摸不着头脑，制造心理战术。本策略"纵"是手段，"擒"是目的。"纵"不是消极地纵，而是积极有序地纵；通过"纵"激起对方迫切成交的欲望而降低其谈判的筹码，达到"擒"的目的。

在运用这一策略时应该注意以下几点：

1. 要给对方以希望。谈判中表现得若即若离，每一"离"都应有适当的借口，不让对方轻易得到，也不能让对方轻易放弃。当对方再一次得到机会时，他就会倍加珍惜。

2. 要给对方以尊重。注意言谈举止，不要有羞辱对方的行为，避免从情感上伤害对方，转移矛盾的焦点。

3. 要给对方以诱饵。要使对方觉得确实能从谈判中得到实惠，这种实惠足以把对方重新拉回到谈判桌上，不至于让对手一"纵"即逝，使自己彻底失败。

（八） 旁敲侧击策略

旁敲侧击策略是指在谈判过程的场外交涉时，以间接的方法和对方互通信息，与对方进行心理与情感的交流，使分歧得到解决，从而达成协议。

每种商务谈判都有两种交换意见的方式，一种是在正式会议时直接把问题提出来讨论，另一种是在非正式会议的场外交涉中与对方间接地沟通信息。

在谈判中，谈判者一般都面临着双重压力，一方面必须做出不妥协的姿态给己方的人看，另一方面又必须在对方认为合理的情况下和对方达成协议。所以在正式会谈前应不断地试探对方，了解对方底细，争取使其向己方的谈判目标靠拢。在非正式交涉中，能使信息在最少摩擦的情况下传达给对方，同时也能趁对方高兴时了解其真实意图。此时倘若提出的一些条件被对方拒绝，也不会有失掉面子的忧虑，不至于引起对方的指责，不致引发谈判的僵局甚至破裂。并且可以此为依据对原有的偏差进行修正，为进行最后阶段的会谈做好充分的准备。

在非正式的场外交涉中，大家可以无拘无束地谈话。可以谈时局，可以谈足球，可以谈妻子和孩子，可以谈双方公司不合理的规章制度，以引起共鸣，增进彼此的感情。这些谈话就像润滑油一样，可使问题得以顺利解决。

由此可见，旁敲侧击有时能成"大气候"。旁敲侧击策略的内容和方式是多种多样的，但关键是要制造友好的谈判氛围，当对方感到亲切、轻松、温暖、自在时，提出一些条件或问题，争取满意的结果。莎士比亚曾经说过："人们满意时，就会付出高价。"所以我们应不断地给对方在心理和精神上制造"满意感"，以换取对方出"高价"。

作为旁敲侧击策略的防御方，则应当提高警觉，不要做单方面的告白。因为对方制造友好轻松的气氛可能不是真心的，主要是为了使你在不知不觉中做出让步。

一个优秀的谈判者应该认识到，并非所有的事情都必须在谈判桌上讨论，场外的非正式交涉占有极重要的地位。运用旁敲侧击策略，可以沟通信息，了解对方的要求，从而找到可行的解决办法。